予想や見通しから始まる

中学校数学の
探究的な学び

砂原　徹・井上芳文・富永和宏

〔編著〕

明治図

はじめに

　平成29年改訂（告示）の中学校学習指導要領に基づく教育課程が令和３年度に全面実施となって，早いもので４年目に入っています。

　中学校数学科の授業において，生徒は数学的活動を通してどのような知識及び技能を身につけるのか，どのような思考力，判断力，表現力等を身につけるのか，求められるコンピテンシーが学習指導要領に明示されました。主体的・対話的で深い学びを実現することにより，知識及び技能，思考力，判断力，表現力等に加えて，学びに向かう力，人間性等を高めようと，探究的な学びを充実させた多くの授業実践が重ねられていると思います。

　教科書は，ICT の進化などにともなって充実してきた面もありますが，それだけでなく，全般的に内容に深みがあり，手に取るだけでもずっしり重みのあるものになっているように感じられます。いつの時代にも見られるような定型的に記載されている部分はもちろんありますが，近年の社会の変化に対応した身の回りの事象への利用，学んだことを発展的に扱う内容などが多数盛り込まれるようになっています。各学校での授業においても，社会とのつながりをより意識した学習が展開されていることと思います。

　そういった背景を意識しながら，よりよい授業づくりを目指して教材研究，授業研究に日々励んでおられる全国の

中学校数学科の先生方に向けて，これまでに実践してきた探究的な学びを深めるための実践事例を整理してお示ししようと，本書を企画・編集しました。教科書の中にも新しい視点で多くの教材が示され，探究的な学びの充実した授業が行われるようになっていますが，それだけに留まらず，もう一歩踏み込んで，主体的・対話的で深い学びをより高いレベルで実現する探究的な学びを目指したいという思いから開発し実践してきた題材や指導事例です。現行の学習指導要領に基づいていることはいうまでもありませんが，変化の激しい時代であるがゆえ2030年代に向けて早々に学習指導要領の改訂が検討されるとしても，時代を超えて求められる資質・能力を育む数学教育の実践となり得るものと考えています。

多くの先生方に活用していただけるように，各学年，各領域を網羅して，それぞれ授業の題材と指導事例を簡潔にまとめています。本書が探究的な学びの充実した授業実践のためのヒントとなり，お役に立てば幸いです。

明治図書出版編集部矢口郁雄様には，出版に至るまで懇切丁寧なご支援をいただきました。心より御礼申し上げます。

2024年6月

砂原　徹

CONTENTS
もくじ

はじめに／002

第1章
「探究的な学び」
の実現に向けて

1 「探究的な学び」が求められる背景／008

2 数学科における「探究的な学び」／013

3 「探究的な学び」を促すための手立て／033

4 「探究的な学び」を目指して／043

第2章
中学校数学の
「探究的な学び」の実践事例

計算で数を求めて，あなたの運勢を占ってみよう／046

[1年／文字式]

面積が等しい長方形をつくろう／056

[1年／比例と反比例]

どの辺に最も近いかを考えて，
四角形の内部を区分けしよう／066

[1年／平面図形]

ストップタイム・トライアルの
得点の規定を考えよう／078

[1年／データの活用]

自然数を仲間分けしよう／088

[2年／式の計算]

条件に合うケーキの買い方を考えよう／098

[2年／1次関数]

四角形の合同条件を考えてみよう／110

[２年／三角形・四角形]

新しいゲームのルールを考えてみよう／120

[２年／確率]

「答えが存在するような問題」を作成しよう／132

[３年／２次方程式]

$y = x^2$のグラフ上の２点に共通する性質を調べよう／142

[３年／関数 $y = ax^2$]

条件を満たす点を集めたら，
どんな図形になるか考えてみよう／152

[３年／円]

用意するべきおつりの枚数を
シミュレーションしてみよう／164

[３年／標本調査]

第1章
「探究的な学び」の実現に向けて

1 「探究的な学び」が求められる背景

　学習指導要領において「生きる力」というキーワードがはじめて登場したのは，1998（平成10）年告示のときのことです。そこでは，その総則において具体的に次のように示されています。

> 　学校の教育活動を進めるに当たっては，各学校において，生徒に生きる力をはぐくむことを目指し，創意工夫を生かし特色ある教育活動を展開する中で，自ら学び自ら考える力の育成を図るとともに，基礎的・基本的な内容の確実な定着を図り，個性を生かす教育の充実に努めなければならない。
>
> （文部科学省[1]，1998）

　これは，複雑で変化の大きな社会を生きていく生徒たちに必要とされる教育の在り方を示したものです。こうして，「豊かな人間性」や「健康・体力」に加えて，自ら課題を発見したり，主体的に判断・行動したりすることでよりよい形で問題解決をしようとする「自己教育力」の育成が重視されることとなります。

　この理念は，それ以降の学校教育にも引き継がれ，2017（平成29）年に告示された学習指導要領にも反映されています。そして，この「生きる力」をより具体化して，学校

教育を通して育成を目指す資質・能力が次の３つの柱にまとめられています。

- 何を理解しているか，何ができるか（生きて働く「知識・技能」の習得）
- 理解していること・できることをどう使うか（未知の状況にも対応できる「思考力・判断力・表現力等」の育成）
- どのように社会・世界と関わり，よりよい人生を送るか（学びを人生や社会に生かそうとする「学びに向かう力・人間性等」の涵養）

（文部科学省[2]，2017）

　数学の学習指導においても，各単元や授業においてこれらの側面から目標を設定し，指導と評価を効果的に連動させながら，これからの時代に求められる生徒の資質・能力の育成を図っていくことになります。また，日々の授業においては，「生きる力」の育成の実現に向けて，課題を積極的に見つけさせたり，適切な判断と実行による問題解決を効果的に位置づけたりすることで，数学的活動の充実した授業づくりが求められています。

　また，2017（平成29）年の学習指導要領の改訂に向けた議論の中で注目されたのが「主体的・対話的で深い学び」（アクティブ・ラーニング）という考え方です。もともとは，アクティブ・ラーニングは大学教育の在り方を議論す

るのに登場した考え方ですが，これからの時代に生徒たちに必要とされる資質・能力の育成に向けて学びの質を高めるために，小学校から高等学校までの学習指導を改めて捉え直す視点として導入されました。これによって，指導者が「主体的な学び」「対話的な学び」「深い学び」という3つの視点で自らの授業を常に振り返りながら改善を重ね，日々の授業を生徒の成長にとってよりよいものへと高めていく1つの道筋が示されることとなりました。

　このような流れを経て，2017（平成29）年に告示された中学校学習指導要領においては，数学的活動を充実させた学習活動の中で，生徒が数学的な見方・考え方を働かせながら学びを進めていくような能動的な授業展開がいっそう重視されることとなりました。

　一方，1998（平成10）年から始まっていた総合的な学習の時間の充実に関連して，「探究的な学習」という考え方が学習指導要領の解説に示されています（文部科学省[3]，2017）。

　これは，総合的な学習の時間の取り組みにおいて，主体的な問題解決が発展的・連続的に展開されていくことを目指したものです。①【課題の設定】　②【情報の収集】　③【整理・分析】　④【まとめ・表現】のプロセスを念頭に置いて，生徒の学習活動が次のステップへと高まっていくイメージが描かれています。この学習によって，生徒が主体的に問題解決に関わり，連続的な学びを展開して自らの成長につなげていくことが期待されています。

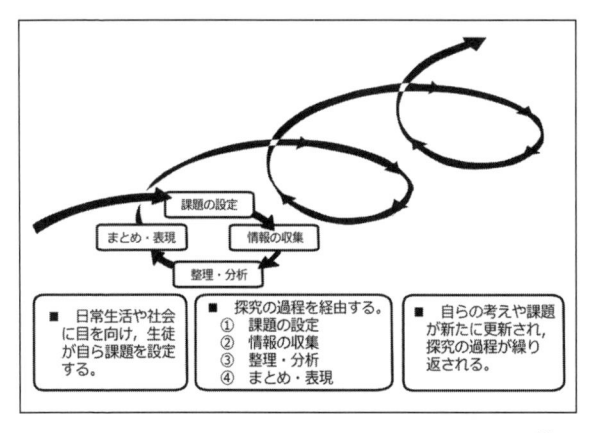

（文部科学省[4]，2008）

図1 探究的な学習における生徒の学習の姿

そして，もちろん教科学習においても，新しい時代の担い手を育成する観点から，「探究的な学び」が重要視されるようになってきています。そこで，総合的な学習の時間の文脈でも重視されてきた「探究的な学び」を数学という教科の特性を踏まえて再検討し，教科学習としての授業づくりの枠組みを改めて構築することが必要となります。

また，「各教科・領域固有の知識や考え方を統合的に活用することを通した問題解決的な学習を重視」（文部科学省[5]）した教科横断的な学びとしての STEAM 教育の重要性も指摘されています。数学の授業での「探究的な学び」を考えるとき，数学という教科の閉じた世界の中だけで学習を論じるのではなく，他の教科との関連性を考慮することも重要です。あわせて，数学の中でも，文字式の学習内

容を図形と関連づけて考えるなど，領域の枠を越えた知識や考え方の発展・統合が重要な視点の1つとなります。

2　数学科における「探究的な学び」

(1) 数学の授業と「探究的な学び」

　2017（平成29）年に告示された学習指導要領では，中学校数学科の目標は次のようにまとめられています。

　　数学的な見方・考え方を働かせ，数学的活動を通して，数学的に考える資質・能力を次のとおり育成することを目指す。

(1) 数量や図形などについての基礎的な概念や原理・法則などを理解するとともに，事象を数学化したり，数学的に解釈したり，数学的に表現・処理したりする技能を身に付けるようにする。

(2) 数学を活用して事象を論理的に考察する力，数量や図形などの性質を見いだし統合的・発展的に考察する力，数学的な表現を用いて事象を簡潔・明瞭・的確に表現する力を養う。

(3) 数学的活動の楽しさや数学のよさを実感して粘り強く考え，数学を生活や学習に生かそうとする態度，問題解決の過程を振り返って評価・改善しようとする態度を養う。

　　　　　　　　　　　　　　　　　　（文部科学省[2]，2017）

学習指導要領で示されているような，これからの時代により一層重視される資質・能力を考えたとき，数学の学習における「探究的な学び」を次のように捉えることができます。

　　対象への主体的な働きかけによって問題を発見し，課題を焦点化しながら，自律的・連続的に自らの学びを深めていく学習活動

　数学の授業でこのような学習活動を目指すとき，生徒の学びが備えるべき側面として，特に次の２つが重要となってきます。

　　・思考の展開によって学びが深まっていくこと
　　・思考活動を主体的・自律的に展開させること

　数学の授業を考えるときに，この２つの点を意識した授業づくりを行うことによって，毎日の授業をより探究的な学びにつなげていくことが可能になると思われます。数学的活動を充実させながら「探究的な学び」という視点で教室内の学習を捉え，毎日の授業の在り方を今一度見つめ直してみましょう。なお，本書では，問題発見・解決のプロセスにおいて，問題を焦点化し，より具体的な形に記述したものを「課題」と呼ぶことにします。

①思考の展開による学びの深まり

　数学の授業において学びを探究的なものにするときの重要な視点の１つが，思考の展開による学びの深まりです。学習指導要領解説（総則編）にも，

> 習得・活用・探究という学びの過程の中で，各教科等の特質に応じた「見方・考え方」を働かせながら，知識を相互に関連付けてより深く理解したり，情報を精査して考えを形成したり，問題を見いだして解決策を考えたり，思いや考えを基に創造したりすることに向かう「深い学び」が実現できているかという視点。

（文部科学省[6]，2017）

の重要性が示されています。

　数学の授業を通してこのような学びの深まりを実現するためには，学習者の思考活動の中でも，特に次のような場面を大切にするとよいでしょう。

a）課題の解決へのアプローチにおいて，視点を切り替えながら多様な見方ができること

　課題の解決に向かう方向性を決めるにあたって，多様な側面からの見方によって様々なアプローチの可能性に言及する視点です。問題解決の場面において，目の前の状況を整理して解決のためのアプローチを行う場合，その問題の

構造を多角的な視点で捉えることで，より適切な選択を検討することが大切です。これは，必ずしも別々の方法を指摘することを意味しているのではなく，1つの方法の妥当性や有効性を複数の理由や根拠で支持するような学習場面も含まれます。もちろん，いったん選択したものと，その後に気づいた方法とを比較して，それぞれの特徴を分析してよりよい方法を練り上げていくような学習活動も大変効果的です。いずれにせよ，複数の視点の存在を意識することによって，物事の見方や捉え方が広がり，学習内容のより深い理解につながるものと考えられます。このような場面では，複数の方法や考え方を比較したり検討したりする場面が想定されるため，「学習者と自己との対話」「学習者と教材との対話」「学習者と他者との対話」といった教室内での相互作用が重要な役割を果たします。生徒は，自己（内側）との対話によって，これまでの知識や考え方の利用の可能性を検討し解決へ向けた方向性を定めていきます。その一方で，他者（外側）との相互作用によって，自分とは違った視点に触れたり，自分の考え方の不備に気づいたりしながら，問題解決における多角的な見方の可能性や重要性を理解することができます。この自分の「内側」と「外側」とのやり取りによって，深まりを伴った思考活動が授業の中で展開されていくことが大切です。

b) 知識や考え方の関連性を捉えること

　いま自分が学習している内容と，これまでの学習経験と

を結びつけようとする視点です。具体的な例で言えば，生徒がある問題に直面したときに，過去の経験から利用できそうなものを援用しようとしたり，既習の問題との構造の類似性や共通点を見いだそうとしたりすることがあげられるでしょう。学習者のこのような姿勢は，学んだ知識や考え方をバラバラな存在として認識するのではなく，意味のある結びつきを伴った，より豊かな集合体へと高めていくことにつながります。さらには，問題解決の後に今回の事柄がこれまでの知識体系の中にどのように位置づくのかを整理することで，学びの結果として得られたものが複数の存在と有機的なネットワークをもちながら，自分にとって意味のある，深まりのあるものになっていきます。そして，この知識や考え方の関連づけは，数学という教科の中だけでなく，教科の枠を越えた場面においても重視される視点であると考えられます。

c) 学んだ内容の活用や考え方の発展的な拡がりに気づくこと

学習した内容を他の場面で活用したり，さらに発展的に考察を進めたりする視点です。*b)* でも指摘した通り，自分たちが問題を解決した過程や得られた結果を振り返り，これまで学習した内容をも包括する形で考え方をまとめたり，別の視点から捉え直したりする場面は，学びをより深いものにしていくうえでとても重要です。そして，このような学びの習慣は，得られた知識や考え方から示唆される，

さらに発展的な内容に向けて，学びのサイクルを一段上に引き上げるための効果的な作用をもたらすことが期待されます。学んだ内容を積極的に活用したり，発展的な拡がりの可能性を探ったりする態度は，生徒の主体的な学びにとってとても大切なものです。さらに，授業で学んだことを，数学の別の領域の内容を考察するのに活用したり，他の教科の問題解決に利用したりする場面も，とても重要な学習活動と言えるでしょう。

②主体的・自律的な思考活動の展開

　探究的な学びに欠かせないもう１つの視点が，生徒の思考活動が主体的・自律的に展開されることです。中学校学習指導要領解説（数学編）において，数学の学習における問題解決の流れが図２のように示されています。

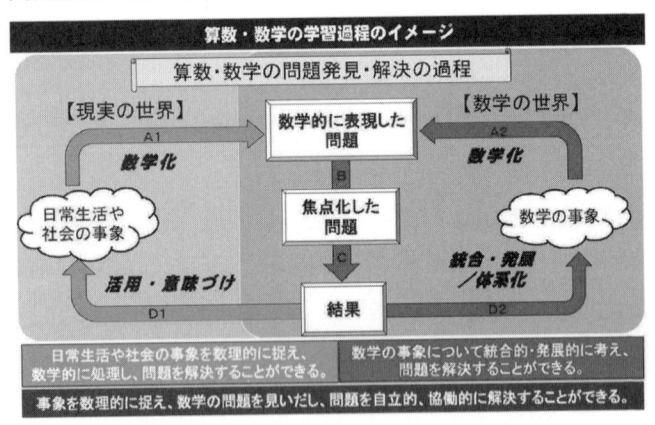

文部科学省[7]，2017

図２　算数・数学の学習過程のイメージ

この「算数・数学の学習過程のイメージ」では，

- ・事象を数学化する
- ・問題を数学的に表現する
- ・問題を焦点化する
- ・問題の解決によって結論を得る
- ・得られた結論をもとの事象に照らして解釈する

という過程が「現実の世界」と「数学の世界」の2つで進んでいく様子が示されており，授業の中での数学的活動の充実によって生徒の主体的で深まりのある学習活動が展開されることが求められています。この流れの中には「問題を見いだすこと」「情報を整理して数学的に表現すること」「論理的に筋道立てて議論して結論を得ること」などが含まれるため，総合的な学習の時間において重視された「探究のプロセス」と重なる部分も多くあると思われます。

また，得られた結論を現実場面に戻して評価することでよりよい方法を探ろうとしたり，結果を発展させて新たな問題を考えることでさらなる数学の拡がりを創り出したりする場面を見据えることで，これらのサイクルは連続的に，そして螺旋的に高次に展開することができます。さらには，現実の世界でスタートしたサイクルが，2周目では数学の世界に移っていくことも考えられます。

数学の授業の中で，これらのサイクルを意識しながら学習活動の展開を考えるとき，大切なことが2つあります。

a) 連続性

　まず1つ目は，「連続性」です。先に述べた通り，この学習活動のサイクルは，2周目以降へ連続的につなげていくことが想定されています。問題に対する一定の結論が得られた段階で新しい疑問が生じてさらに考察を深めたり，これまでの学習内容との関連性を調べたりすることで，生徒の学びが連続的に展開されることが望ましいと考えられます。それは，授業の中で行われるかもしれませんし，時間的な制約からレポートにまとめる形での個人の学びに委ねられるかもしれません。

　このように，実施の形態に違いがあったとしても，生徒にとっての学びが自らの意志によって連続的に展開されていくことが，数学の学習ではとても大切なものになります。もっと極端に言えば，時間などの制約から十分な考察や検討が実際には行われなかったとしても，「この条件を変えたらどうなるかなぁ」「以前学んだ○○と関係ありそうだなぁ」という気づきや疑問を少しでも思う経験と習慣化こそが，学習者の学びに向かう態度の変容にとって重要なことなのです。

b) 自律性

　2つ目に大切なのは「自律性」です。授業では，教科書などに基づいて準備された題材があり，それを基に考察を進めるというスタイルが多いと思います。そこでは，教師はファシリテーターとして存在し，生徒の思考活動を促し

ます。しかし，教師に言われたことにのみ反応し，生徒が自ら意欲的・積極的に取り組む姿勢のない授業は，私たちが目指している姿ではありません。そして，議論の方向性を見通したり，よりよい方法へ改善しようとしたりすることに関して，いつも教師が主導しなければいけない状況も望ましいものではないでしょう。

　もちろん，最初のうちは様々な視点をもつために教師の介入が必要な段階もあると思いますが，次第に生徒たちが自分でそれができるようになることを私たち教師は目指しています。ですから，生徒には，自分の学びを適切な段階で客観的・俯瞰的に捉え，その先の進め方を自分で決めていくことができるような力が求められます。つまり，自分の（あるいは自分たちの）思考活動の方向性を司るための，学習者としての自律的な態度が大切であり，この自律性こそが生徒の主体的で連続性のある学びにとって重要な1つの鍵になると考えられます。

　また，何事においても物事を自分で始めるには大きなエネルギーが必要ですが，数学の学習において「調べてみよう」「考えてみよう」という前向きな姿勢も，充実した学びには欠かせません。教科学習の大きな目的に「生涯にわたって学び続け，よりよい価値を創造しようとする態度の育成」を含めて考えるとき，これらの視点はより一層重要なものとなります。

(2)「予想」や「見通し」を取り入れた授業づくり

　連続性と自律性を伴いながら探究的な学びを展開するにあたって，大きな推進力となるのが「予想する」「見通しをもつ」という学習場面です。予想するという行為は課題を「自分事」とすることに寄与し，見通しをもつという学習姿勢は解決への方向性の決定に向けて主体性をもたらします。ただし，この予想する場面において「何の根拠もなく当てずっぽうで答える」こと自体にはあまり意味がありません。大切なのは，考察対象への積極的な働きかけによって「予想」や「見通し」をもとうとする姿勢であり，場合によっては結果的に「今の状況では判断できない」という認識を共有することもとても大切です。また，「うまく説明できないけれど，おそらく…」という場面では，この見通しを支える（意識化されていない）何らかの根拠が付随していることが多く，その先の問題解決にとってそれが大きな働きをすることが少なくありません。そこで，探究的な学びを授業の中で実現させるための手立てとして，生徒が自分なりに予想したり見通しを立てたりする場面を効果的に位置づけた授業づくりについて考えてみます。

　第2章で紹介する授業例では，授業の中の教師の効果的な発問によって，生徒が自分なりの答えをもつことを試みたり，おおよその予想をもちながら議論の方向性を見定めようとしたりする場面が位置づけられています。こうした場面を取り入れることは問題解決に主体性をもたせるのに

大変有効であり，さらには，解決の先に見える世界を積極的に自分で深めていくことの原動力となることが期待されます。

①授業の流れと「予想」「見通し」の位置づけ

探究的な学びの実現を目指して数学の授業づくりを行う場合，授業構成を考えるにあたって次のような流れを意識するとよいでしょう。

表1　探究的な学びの実現を目指した授業の流れ

〈1〉実験や観察による情報の収集を通した
問題の発見と焦点化
↓
〈2〉予想や見通しによる課題解決へのアプローチ
↓
〈3〉個人の「内側」「外側」での相互作用を通した
課題の解決
↓
〈4〉振り返りによる関連づけと修正
↓
〈5〉学習内容の発展と統合

これらのすべてを1時間の授業でいつも実現できるとは限りませんし，時には2〜3時間を1つのまとまりとして考える必要があるかもしれません。さらには，目標に応じ

てこの流れの一部だけを位置づける授業づくりも考えられます。

②授業構成の例

　例えば，第3学年「相似な図形の面積比」の授業構成について考えてみます。

〈1〉実験や観察による情報の収集を通した問題の発見と焦点化

　最初に，生徒自身がコンピュータを利用して，2つの相似な三角形をかきます。そして，様々な量（角の大きさや辺の長さ，面積など）を表示させ，変化するものと変化しないものをあげさせます（例えば，GeoGebra[8] では，そうした量を簡単に表示させることができます）。そして，三角形の面積に注目し，一方の三角形の面積が他方の三角形の面積の何倍になっているかを各自で計算し，その数量の関係は何に起因しているのかを考察させます。

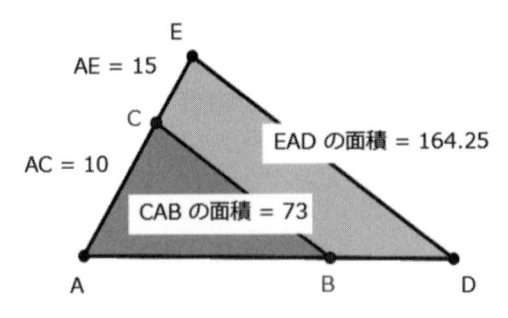

図3　コンピュータによる実験と観察（GeoGebra で作成）

〈2〉予想や見通しによる課題解決へのアプローチ

　各自のコンピュータ画面に表示された数値を基に，予想を立てます。ここでは，生徒の目の前には自分で作成した1組の三角形の例しかないので，自分でもう1つ相似な三角形をかいてみたり，グループの他の人の例を見せてもらったりすることで，「面積比が，辺の長さの比の2乗になっているのではないか」という予想が出てきます。

　そこで，「その予想が正しいことをどのようにして示しますか？」という発問によって，生徒は面積の関係を説明するために，三角形の高さについて調べ始めます。

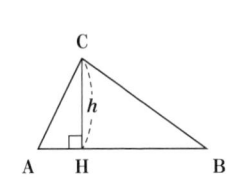 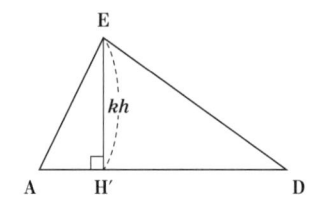

図4　相似比が1：kの2つの三角形(1)

〈3〉個人の「内側」「外側」での相互作用を通した課題の解決

　個人での考察によって，自分の中である程度の説明がついた段階で生徒同士の交流を促します。この場面を通して，説明の不備や一般性への指摘など，他者との相互作用によって考え方が洗練され精緻化されていきます。ここでは，考察対象を自分なりに整理・解釈し，既習の知識や経験に照らし合わせて，まずは最初に個人でしっかりと考察して

おくことが大切です。そうすることで，その後の他者との相互作用がより主体的なものになることが期待されます。個人での解決が困難になった生徒も，「自己との対話」によってその困難性の要因をある程度明らかにしたうえで他者とのやりとりに入ることで，「ここまではわかったけれど，この部分が…」という自己把握が可能となり，自らの学びを俯瞰的に捉えようとする姿勢につながります。このような，自分の内側と外側での対話の繰り返しを意識しながら授業づくりを行うとよいでしょう。

〈4〉振り返りによる関連づけと修正

　問題が解決されたことの確認と同時に，その過程を振り返ります。「なぜその点に注目することでうまく解決につながったのか」などを全体で共有する場面です。ここでは，意識的にこれまでの学習内容や関連事項とのつながりを丁寧に確認します。例えば，相似な三角形の高さを考えるときに，辺の長さが k 倍であれば高さも k 倍になりますが，これは必要な直角三角形に注目して「直角三角形の相似」によって解釈されます。このようにして，これまでの学習内容との関連づけを意識しながら，自分の解決過程を振り返る場面を大切にします。さらには，鈍角三角形の場合に関する言及もあるかもしれません。振り返りの中で自分たちの説明の補完を行い精緻化することも，価値のある学習場面となります。

　こうした振り返りと関連づけは，生徒が必要な段階でい

つでも自分でできることが大切です。自分の考察の方向性を修正したり，よりよい方法を検討したりすることは，学習者にとって学びを自律的に進めるために欠かすことのできない姿勢です。

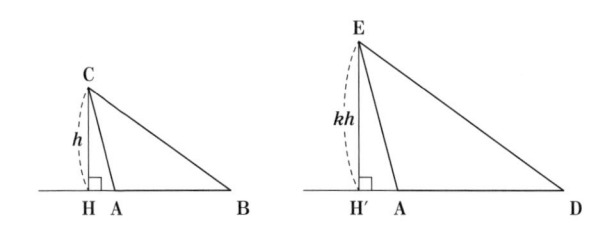

図5　相似比が 1 : k の 2 つの三角形(2)

〈5〉学習内容の発展と統合

　振り返りと関連づけを行う中で，新たな気づきや疑問が生じることが期待されます。「四角形だったら…」「おうぎ形や円などでは…」「立体だったら…」などの考察は，この単元を扱う場合の一般的な流れではありますが，生徒の中から自然な形で疑問や予想として発生させることで，より主体的な学習として学びが連続的に展開されていくことになります。

　教科書を基にした日々の授業においても，こうした流れを意識することで，生徒の学びを探究的なものにしていくことができます。すべての場面でそれが可能なわけではありませんが，積極的に取り入れていく余地は多いように思われます。

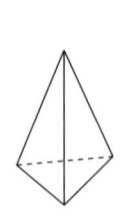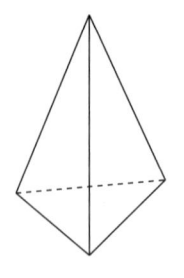

図6　相似な立体の表面積と体積

(3)「探究的な学び」の中で期待される生徒の姿

　探究的な学びを取り入れた授業では，私たち教師は生徒の主体性・自律性によって学びが深まっていくことを目指しています。学びが探究的なものとなっている数学の学習においては，生徒たちのどのような姿が見られるのでしょうか。具体的な生徒の活動をイメージしてみると，次のようなものが挙げられると思います。

①「数学的な内容の深まり」に関連するもの

　次のa）〜c）は，数学の教科内容に関する視点であり，こうした態度の習慣化が，授業を通して得られるものに深まりを与えます。

a）「規則や関係に注目すること」

　与えられた状況の中で，その中に潜んでいる規則性や関係性を見いだそうとする姿勢は，自分の中に解決すべき疑問や課題を見いだす力につながります。

b）「変数を見つけること」「条件を変えること」

　その問題に関わっている変数や条件に注目することで，問題の構造をより深く理解できたり，解決へのよりよい方法を探索できたりします。このような見方は，状況の変化が何によってもたらされているのかを考えたり，条件を変えたときの結果の違いについて考察したりするような，重要な学習場面にもつながります。

c）「数学的に表現すること」

　数学的な議論を進めるにあたっては，目の前の状況や課題を数学の言葉で表現することが大切になります。これからの考察を見通して，より適切な表現を選択することも重要な視点です。これによって，新しい性質に気づいたり，形式的な処理によって考察を進めていったりすることが可能となります。

②「学び方」に関連するもの

　d）～ *g*）については，生徒の学び方に関する視点であり，主体的で深い学びを実現させるために重要な事柄です。

d）「整理すること」「焦点化すること」

　たくさんの情報や複雑な状況を考察しやすい形で整理することは，論理的に考察を進めるうえでとても重要です。これによって，問題の所在を明確にすることができ，解決すべき課題を焦点化することにつながっていきます。

e）「比較すること」「関連づけること」

　他者との交流によって考え方を比較し関連づけることによって，自分の思考過程や見通しを俯瞰的に捉え，よりよい解決に向かうために議論を精緻化することができます。この比較と関連づけは，教室内の友人との交流によるものだけではなく，自分のこれまでの学習経験に結びつけて考えたり，数学の中の他の領域や数学以外の分野の内容との結びつきに気づいたりすることも含みます。こうした学習者の姿勢は，自らの学びに深まりを与えるものであり，学びの連続性という点においても，大変重要なものです。

f）「見方を変えること」「別の方法を考えてみること」

　問題を解決するにあたって試行錯誤する中で，それまでとは違った視点から状況を捉え直すことで，問題の構造が明らかになったり，解決へのアプローチの糸口が見えてきたりすることがあります。また，解決された問題について別の方法を探ることは，物事を多面的に捉え，よりよい方法を探していく姿勢へとつながります。

g）「予想すること」「見通しをもつこと」

　実験や観察を通して，そこに成り立つ事柄を予想したり，自分で認識した課題に対して，解決のためのアプローチを見通したりする姿勢も重要です。十分な観察や経験と知識の関連づけを背景とした予想をもつことは，物事に対して主体的に関わり思考を進めていくための推進力となるもの

です。また，課題の解決に向けて見通しをもつことは，自分の思考の過程を必要に応じて客観的に整理し，自律的に思考を進めていくうえで必要なことです。

③「学びのサイクルの推進」に関連するもの

h）〜j）は，生徒の学習の連続性を支える視点であり，授業での他者との関わりの中でぜひとも育成したい能力であり姿勢であると言えます。

h）「自分で課題を見いだすこと」

常に与えられた課題だけに取り組むという姿勢ではなく，目にした状況の中に自分で課題を見いだす力は，数学を学んだ先に求められる重要な資質・能力です。そして，学習者のこうした姿勢は，主体的に学びをスタートさせるうえでとても重要です。また，いったん課題が解決された段階で，さらに新たな疑問や課題を見つけることが，学びの連続性を実現させることにつながります。

i）「数学の利用の可能性を探ること」

数学の授業に限らず，現実の状況を分析したり，課題を整理して解決したりするにあたって，これまでに学習した内容の利用の可能性を探る姿勢はとても大切なものです。数学のもつ論理性を生かして，目の前の問題の解決に貢献しようとすることは，これからの社会の担い手として備えるべき1つの重要な側面と言えます。

j）「自分の学びを俯瞰的に振り返ること」

　自分の問題解決の過程を振り返る習慣は，学びの連続性の観点からも重要です。生徒のこうした姿勢は，問題解決において，「見落としはないか」「論理性に不備はないか」というように自分の思考をチェックしながら考察を進めることにもつながるでしょう。また，問題がある程度解決した段階で，よりよい方法を考えてみたり，付随した問題や課題の発展性に気づいたりすることにも寄与するでしょう。

表2　「探究的な学び」で引き出したいこと

「数学的な内容の深まり」に関連して
- ・「規則や関係に注目すること」
- ・「変数を見つけること」「条件を変えること」
- ・「数学的に表現すること」

「学び方」に関連して
- ・「整理すること」「焦点化すること」
- ・「比較すること」「関連づけること」
- ・「見方を変えること」「別の方法を考えてみること」
- ・「予想すること」「見通しをもつこと」

「学びのサイクルの推進」に関連して
- ・「自分で課題を見いだすこと」
- ・「数学の利用の可能性を探ること」
- ・「自分の学びを俯瞰的に振り返ること」

3 「探究的な学び」を促すための手立て

　生徒の学びを「探究的な」ものへとつなげていくためには，数学の授業の中でどのような工夫が可能でしょうか。次にあげるものは，毎日これらのことを繰り返すという意味ではありませんが，こうした視点を少しでも取り入れることによって，生徒の学びがより深まりのある自律的なものへと変化していくことが期待されます。

a) 状況を整理し観察する中で課題を見いださせる

　与えられた状況を把握するために情報を整理し，その中の規則性や疑問点に注目することによって，解決すべき課題を見いださせます。そのためには「△△を示しなさい」「○○を求めなさい」という導入ではなく，整理されていない情報の集合を提示することも効果的です。

　例えば，第2学年での「三角形と四角形」の単元において，次のような問題がよく扱われます。

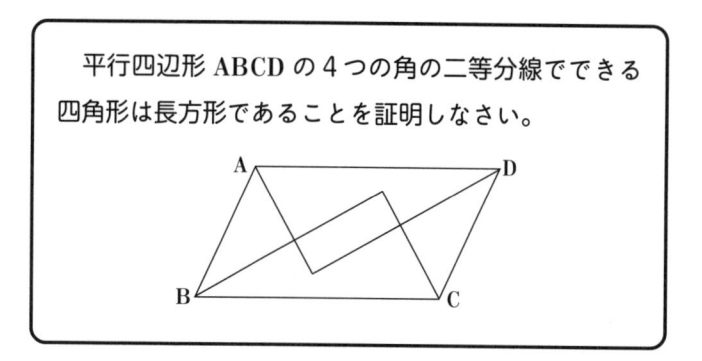

平行四辺形 ABCD の4つの角の二等分線でできる四角形は長方形であることを証明しなさい。

四角形に関して「四角形の4つの内角の二等分線によって四角形ができるとき，その四角形の対角の和は180°である」という定理が知られており（笹部[9]，1956　など），平行四辺形はこの定理の特別な場合ということになります。

　授業では，コンピュータによって四角形の角の二等分線から新たな四角形をつくり，もとの四角形をいろいろな形に変えて気づくことをあげさせる導入が考えられます。特殊な場合を見つける生徒もいるでしょうし，正方形でないひし形ができないことに気づく生徒もいるでしょう。また，でき上がった四角形がもとの四角形からはみ出してしまうケースに注目する生徒もいるかもしれません。

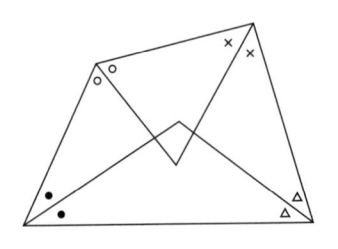

図7　四角形と角の二等分線

　このように，生徒の実験や観察にある程度の自由度をもたせることで，生徒自らが課題を発見し考察をスタートさせる流れをつくり出すことができます。なお，実際の授業では，複数の気づきが出てくることも考えられます。その場合には，まずは共通のテーマを教室全体で考察して解決したのちに，そこから派生する話題として，他の気づきに

ついてもさらに考察を促してみるとよいでしょう。

　また，変化する量があって，その値が最大になるような場合を考えさせたい課題があるときも，まずは観察によって「値が変化すること」を生徒自身に確認させることが大切です。そうした活動を踏まえたうえで，「値が最大となる場合を調べる」という課題を全体で共有します。対象への主体的な働きかけによって，生徒自らが疑問や気づきをもって問いを見いだす場面が，授業での学びに深まりを与えることにつながります。課題が一方的に「与えられた」という雰囲気をできるだけ避けて，教室全体で解決すべき問いを引き出すようにしましょう。

b) 性質を予想させたり解決の見通しをもたせたりする

　前述の課題の発見の重要性に関連して，実験の結果や観察から，成り立つ事柄を予想したり，それが正しいことを示すために問題解決の見通しを立てたりする場面の位置づけはとても大切です。そのときに，判断材料のまったくない「当てずっぽう」では，そこから得られるものは少ないのですが，ある程度の実験としっかりした観察によって「おそらくこれが成り立つのではないか」と予想することで，これから解決する問題がより自分事として捉えられる効果が期待されます。あわせて，しっかりとした観察が基盤となっているので，そこにうっすらとした理由のようなものが付随することがあります。これが，そのあとの考察の糸口になることも期待されます。

例えば，第1学年での図形の移動に関する，次のような
題材を考えてみます。

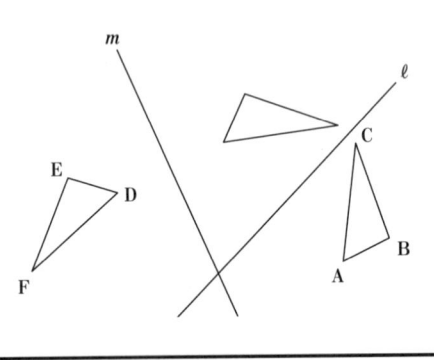

△ABC を直線 ℓ に関して対称移動し，続けてそれ
を直線 m に関して対称移動して△DEF をつくります。
△ABC を1回の移動で△DEF に移動することはで
きるでしょうか。

まずは実際に作図をしてみて，それを材料にして生徒に
予想をもたせます。ここでは，生徒が知っている移動の中
から，具体的な操作によって調べさせます。平行移動であ
るのかを定規で確かめたり，回転移動であるのかをコンパ
スで確かめたりするかもしれません。そのような具体的操
作活動を通して，「1回の回転移動で表すことができるの
ではないか」という予想を引き出します。予想が実験に基
づいていることで，この先の数学的な議論に向けて，「何
を示せばよいのか」という方向性や見通しが自然と伴うこ
とになります。これを顕在化させることによって，教室内

での議論の進め方を明確にし，数学を用いて考察を行うことができます。このように，対象に対して主体的に働きかけ成り立つ事柄を予想するような学習場面は，「何を示したいのか」「そのために何を示す必要があるのか」という自らの考察の方向性を検討し判断する力につながります。

c) 必要な情報を生徒自らが必要に応じて探す

　共通の性質を探したり，複数のものを比較したりする場面をつくり出したいとき，考察に必要な材料を最初からすべて教師が準備する必要はありません。少ない事例から「もしかしたら，…が成り立つかもしれない」と思った段階で，必要に応じて例を増やしたり，そこで触れられていない場合の考察の必要性について気づいたりする力は，主体的に問題解決に関わる姿勢としてとても重要なものです。

　例えば，第2学年の1次関数の授業において，表から変化の割合などに注目させる場面で，x と y の対応について，生徒が図8のように x の値が正の場合のみをいくつか答えたとき，0や負の数の欄を教師がすぐに促すのではなく，いったんはそのまま空けておくのがよいでしょう。

$$y = 2x + 1$$

x	1	2	3
y	3	5	7

図8　1次関数と対応

正の数の部分で成り立つ事柄がある程度予想された段階で，「それは0や負の数でも成り立つのか」という疑問や気づきは，生徒の側から生じさせたいものです。

　このように，考察を進めるにあたって必要な情報は何かを考え，それを自分で収集する姿勢は，主体的に学びを深めていく学習者としてとても大切なものであると考えられます。

d) 知識や考え方の関連づけの必要性を高める

　数学で学ぶ概念や知識などは，それぞれが単独に存在するのではなく，意味をもって結びついている方が，数学の理解にとってより有用であることは言うまでもありません。そこで，授業の中でも，知識や考え方の関連性に言及するような場面が学びの深まりにとって効果的な手立てとなります。実際の授業では，課題の解決のために既習の内容や他の領域との関連性を探る場合と，解決の後に得られた結果とこれまでの学習経験との関連を考察する場合の，2つのケースが考えられます。

○解決のための関連づけ

　第2学年の連立方程式の解法について考えてみます。生徒には第1学年で学んだ1元1次方程式の経験があります。そこで，xとyの2元1次方程式について考えるとき，文字が1つだった第1学年の1元1次方程式との関連を考えさせます。「何が同じか」「何が違うのか」という比較を通して，等式の性質による同値変形などの既習の考え方を利

用しながら解法を探るような場面の設定が考えられます。

$$① 3x - 1 = 5 \qquad ② \begin{cases} 2x + y = 5 \\ x + y = 3 \end{cases}$$

図9　方程式の比較

○解決の後の関連づけ

　第3学年の関数 $y = ax^2$ について学習した段階で,「変化の割合」という視点で関数を統合的に捉える場面を考えてみます。例えば,これまでに学習した図10のような関数で,「グラフの『右下がり』という特徴に関して,2つの違いをどのように説明できるか」ということについて議論させてみます。ここでの考察を通して,関数を特徴づける「変化の割合」について,生徒はより広い視野で総合的に考える機会を得ることになります。場合によっては,反比例のグラフを含めて考えることも可能でしょう。

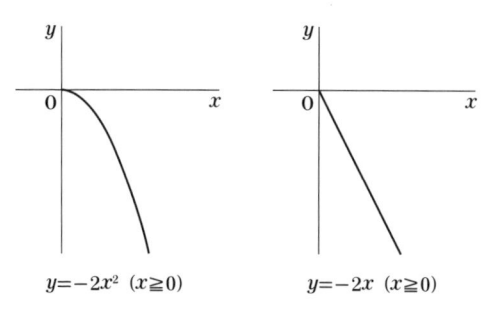

$y = -2x^2 \ (x \geqq 0)$ 　　　　$y = -2x \ (x \geqq 0)$

図10　関数のグラフと変化の割合

このような，課題を解決した段階でこれまでのものをもう一度より高い次元から見つめる場面は，自分の中の経験や数学的概念を統合的に捉え直し，知識の体系や理解をより深みのあるものへと変容させる効果があります。

e)　現段階では扱いきれない疑問も歓迎する

　課題を解決した段階で学びの過程を振り返り，さらに発展的に考察を深めていくとき，その段階までに学んだ知識や考え方では十分に扱うことができない内容に触れるケースがあります。

　例えば，第3学年の円に関する学習を例に考えます。図11は，円周上に3つの点をとって△ABC をつくり，∠Aの二等分線と B における外角の二等分線の交点を P として，頂点 C を動かしたときの P の軌跡について考察する課題です（円周角の定理の逆から，P が円の一部をえがくことが示されます）。

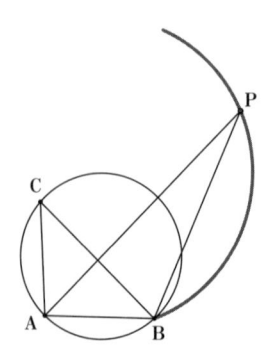

図11　∠A の二等分線と B の外角の二等分線との交点 P の軌跡

この課題をクラス全体で解決した後，生徒が図12のような設定で課題を発展させたとします（図12では，∠Aの二等分線と，Cを通り辺ABに平行な直線との交点をPとして，頂点Cが円周上を動いたときのPの軌跡について調べています）。

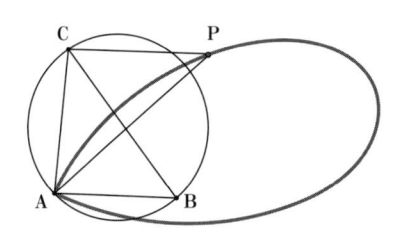

図12　∠Aの二等分線と，Cを通り辺ABに平行な直線との
　　　交点Pの軌跡

　ところが，その新たな課題（図12）に関しては，出てきた図形を分析するための知識と手段が不足しているため，十分な考察には至らないかもしれません。しかし，現在の学習の先に広がる数学の世界の入り口に触れることのできる貴重な経験なので，たとえそれが今すぐの解決は難しかったとしても，発展的な考察から得られた成果として積極的に評価することが大切でしょう。

　クラスの中には，高校で学ぶ数学への期待感を高めたり，自分で必要な知識を学習して何とかチャレンジしたりする生徒がいるかもしれません。主体的な学びを自律的に推進していく力の種をまくことができたわけですから，授業と

しても十分に価値のある場面になると思われます。また，場合によっては，生徒の問題を少しアレンジすることで，第３学年の段階でも取り組むことが可能な課題に再構成することができるかもしれません。

f) まとめの時間の使い方を工夫する

　振り返りと関連づけによって生徒の学びを次のサイクルにつなげることを考えた場合，授業での「まとめ」の時間は大変重要な役割を担うことになります。これは，その日の授業内容をただ単に時系列に述べることが目的の時間ではなく，得られた事柄の整理から次へのステップの方向を見据えるためのきっかけとなる場面です。こうして考えると，教師が「次回の学習の予告」を行う場面も，生徒の疑問や関心の方向性を踏まえたうえで，より適切なまとめ方を工夫することが大切でしょう。

4 「探究的な学び」を目指して

　私たち教師の願いは，生徒が生き生きとした表情で学び，日々の授業を通して「知ること・考えること・分かること」の楽しさと喜びを感じとってくれることです。そして，常に主体的に学び続けることで自らの人生を切り拓き，新しい社会の創り手へと成長してくれることを期待しています。これからの時代をよりよく生きていくための生徒の成長を促すべき私たちの授業が，今日の社会で求められている学校教育の目的に沿った役割を果たすことができているかを自己点検するとき，「生徒の学びが探究的なものになっているか」ということを常に問い続けることが大切です。

　あらゆる場面において他者との関わりの中で自律的に学びを深めながら前に進んでいこうとする生徒と，生徒の成長を喜びに感じ自らも数学の美しさや奥深さを楽しみながら教材研究を重ねる教師，その両者が存在することが，数学の授業における本当の意味での「探究的な学び」には不可欠なのだと思います。

（井上芳文　砂原徹　富永和宏）

参考資料および引用・参考文献

[1] 文部科学省，「中学校学習指導要領」，1998.

[2] 文部科学省，「中学校学習指導要領（平成29年告示）」，2017.

[3] 文部科学省，「中学校学習指導要領（平成29年告示）解説　総合的な学習の時間編」，2017.

[4] 文部科学省，「中学校学習指導要領解説　総合的な学習の時間編」，2008.

[5] 文部科学省初等中等教育局教育課程課，「STEAM教育等の教科等横断的な学習の推進について」

（https://www.mext.go.jp/content/20230515-mxt_kyouiku01-000016477.pdf）

[6] 文部科学省，「中学校学習指導要領（平成29年告示）解説　総則編」，2017.

[7] 文部科学省，「中学校学習指導要領（平成29年告示）解説　数学編」，2017.

[8] GeoGebra（https://www.geogebra.org）

[9] 笹部貞市郎，『問題解法　幾何学辞典』，聖文社，1956.

第2章
中学校数学の「探究的な学び」の実践事例

計算で数を求めて，
あなたの運勢を占ってみよう

0　単元の指導計画（全17時間）

・文字を使った式（1時間）

・文字式の表し方（3時間）

・式の値（2時間）

・文字式の加法，減法（3時間）

・文字式と数の乗法，除法（2時間）

・関係を表す式（4時間）※本時はその第4時

・単元のまとめ（2時間）

1　授業のねらい

　この授業では，連続する自然数をある規則に従って計算
し，求めた結果を4でわったときのあまりについて考察し
ます。最初の課題は隣り合う2つの数を加えるのですが，
結果的には，はじめの自然数にどんな数を選んでも最後に
は4の倍数になります。さらに発展課題としては「右上の
数を3倍したものから左上の数をひく」操作を重ねていく
ことを考えます。こちらも，はじめの自然数にどんな数を

選んでも最後には4の倍数になります。これらの課題を通して，最後は4の倍数が現れる理由を文字を使った式で明らかにすることが，この授業のねらいです。

2　探究課題

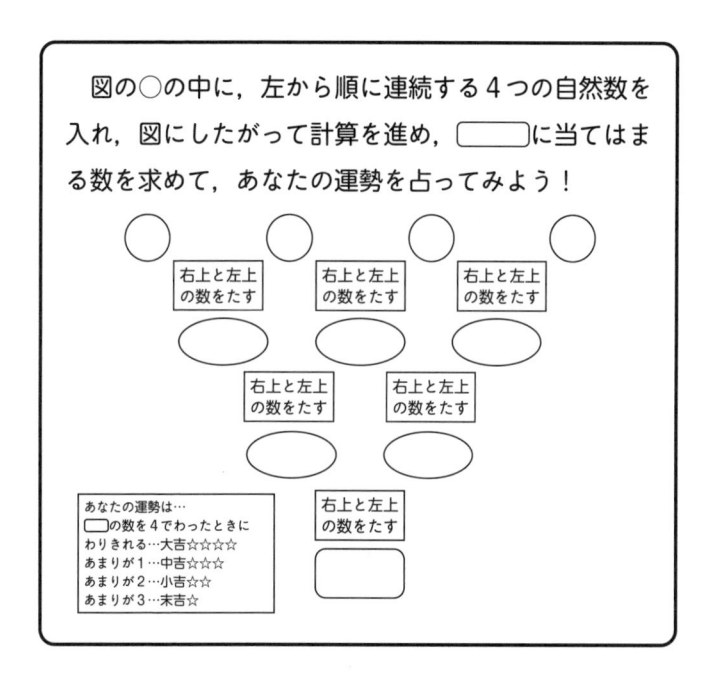

図の○の中に，左から順に連続する4つの自然数を入れ，図にしたがって計算を進め，□□□に当てはまる数を求めて，あなたの運勢を占ってみよう！

右上と左上の数をたす

右上と左上の数をたす

右上と左上の数をたす

右上と左上の数をたす

右上と左上の数をたす

右上と左上の数をたす

あなたの運勢は…
□の数を4でわったときに
わりきれる…大吉☆☆☆☆
あまりが1…中吉☆☆☆
あまりが2…小吉☆☆
あまりが3…末吉☆

3　授業での「探究」のポイント

(1) 自分で複数の具体例を設定して，結果を予想する

今回の題材では，はじめに○に入れる4つの連続した自

然数は自分で設定します。最初の一例だけが4でわりきれるなら偶然もあり得ますが，設定を変えても4でわりきれるので「◯◯◯◯◯の中に入る数は，必ず4の倍数になるのでは？」という予想が出てきます。しかし，具体例をいくつ重ねても「必ず4の倍数になる」ことの根拠にはなりません。自分で立てた予想が正しいかどうかを確かめるために，文字の式を利用することになります。

このように，自分が立てた問いの解決のために主体的に取り組もうとする態度は，探究的な学びにつながるものであると考えられます。

(2) 条件を変えることで，課題の内容を発展させる

探究課題では，はじめに◯の中に連続する4つの自然数を当てはめますが，「連続する4つの奇数」や「連続する4つの3の倍数」など，一定の間隔をもった自然数であれば，◯◯◯◯◯の中に入る数は4の倍数になることが確かめられます。

また，はじめに自然数を当てはめる◯の個数は今回の課題では4個ですが，これを3つや5つに変えてみるとどうなるかなど，条件を変えることで課題の内容を発展させることができます。自分で考えて条件を変え，結果がどのように変化するかを調べることは，自ら課題を設定して解決に取り組む態度を養うことにつながります。

4 教材と授業準備

　本時の探究課題は，決められた計算手順を重ねていき，得られた結果が4の倍数になるかどうかを調べるものです。4つの○に入れる自然数を x, $x+y$, $x+2y$, $x+3y$ とすると，探究課題では $8x+12y$ が，発展課題では $8x+36y$ が得られるので，どちらも4の倍数になります。

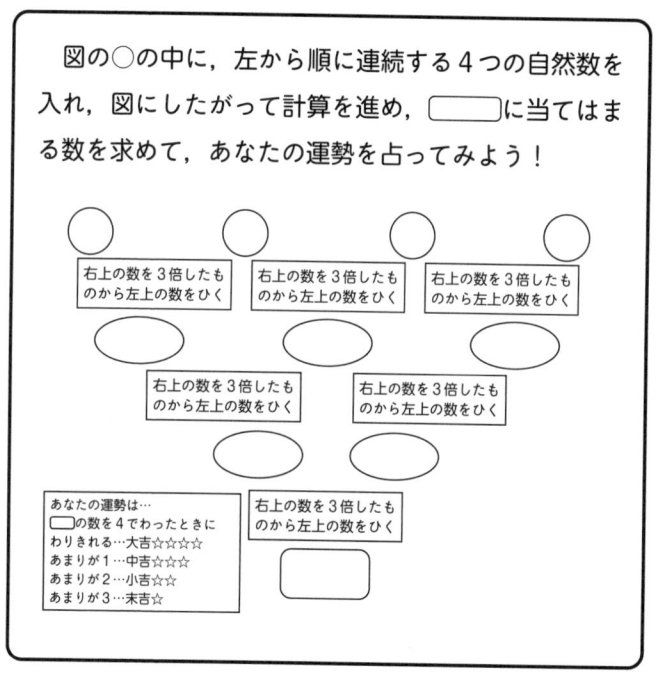

図1　発展課題

　ただし，文字の種類が2つの式を扱うのは第2学年の内

容になるので，あくまで授業では「連続する４つの奇数」や「連続する４つの３の倍数」のように，４つの自然数の間隔は具体的な値で与えることが必要になります。また，探究課題や発展課題では計算しやすさを考えて〇に当てはめるのは自然数としていますが，文字式からは，負の整数でも４の倍数になることも確認できます。

　さらに，最初に設定する〇の個数を３つにすると，探究課題では $4x+4y$ が，発展課題では $4x+12y$ が得られますし，〇の個数を５つにすると，探究課題では $16x+32y$ が，発展課題では $16x+96y$ が得られます。つまり，〇の個数が３つや５つになっても，得られる結果は４の倍数になります。

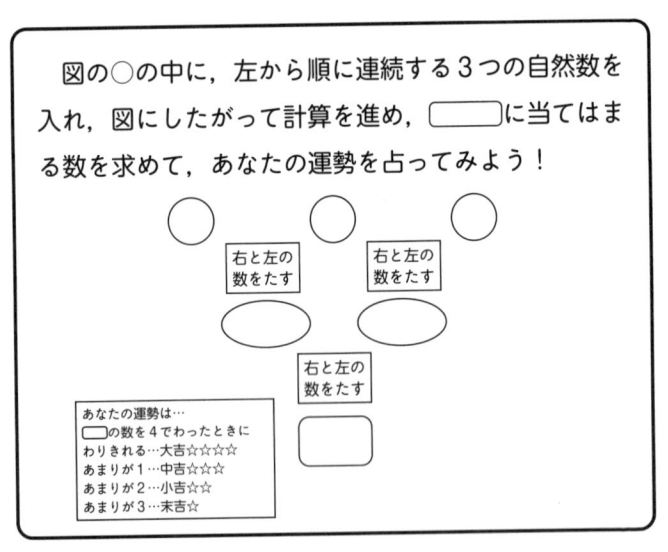

図２　探究課題（〇が３つの場合）

なお，発展課題の計算の仕方を一般化して「右上の数の a 倍と左上の数の b 倍の和」とすると，得られる結果は，$(a + b)^2 \{(a + b)x + 3ay\}$ となるので，$a + b$ が偶数ならば 4 の倍数になりますが，$a + b$ が奇数のときは必ずしも 4 の倍数になるとは限りません。

　この授業は，計算の結果が必ず 4 の倍数になる理由を説明することをねらいにしていますが，「○に入れる数は自然数でなくてもいいなら，探究課題の結果を小吉することはできるか？」という問いも考えられます。この問いに対しては，例えば「1 から順に0.5ずつ大きくした数を入れる」という答えが出るかもしれません。○に整数以外の数を入れると，結果が整数にならないときは 4 でわったときのあまりを議論できなくなる可能性がありますから，○に入れる数は何でもよいわけではありません。しかし，この答えは「4 つの連続する自然数」という条件を目的に合わせて変更できる自由な発想力を示すものですし，文字式を利用して結果が $8x + 12y$ になることがわかっていれば，見通しをもって解決することができます。

5　授業展開

(1) 探究課題に取り組む

　4 つの連続した自然数を自分で設定し ⬜ の中に入る数を求め，4 でわって自分の運勢を調べます。

T 　○の中に，どんな自然数を入れたのかな？

　　　数占いの結果はどうなりましたか？

S 1 　私は○の中に 1 から 4 を入れました。すると [＿＿＿]

　　　の中の数は20になりました。これは 4 でわりきれる

　　　ので大吉です。

S 2 　○の中に 3 から 6 を入れました。その結果 [＿＿＿] の

　　　中の数は36になったので，これも大吉です。

S 3 　私も [＿＿＿] の中の数が 4 でわりきれました。

T 　おやおや，みんな大吉ですか？　これは大変縁起が

　　　いいですね。

　　　大吉以外になった人はいますか？

　　教室の様子を見て，全員が [＿＿＿] の中の数が 4 の倍数に
なっていることを確認します。この結果から「探究課題の
結果は必ず 4 の倍数になるのではないか？」と生徒が予想
している様子が見えたところで，それを示すにはどうすれ
ばよいかをグループで考えます。

S 1 　先生， [＿＿＿] の中の数は，必ず 4 の倍数になるので

　　　はないですか？

T 　そう思いますか？

S 　（うなずく）

T 　では， [＿＿＿] の中の数が 4 の倍数になる理由を説明

　　　してみてください。どうすればよいでしょうか？

S 2 　4 の倍数でない人が 1 人もいないのだから，「4 の

倍数になる」ってことでよいのでは？

S3 もしかして，はじめの○が4つあるのが関係しているのかもしれないね。

S4 ○にはどんな自然数を入れてもよかったんだから，代わりに文字を入れてみるのはどうかなぁ…。

　このやりとりの後，4つの連続する自然数のはじめの数を x とおき，□の中の数を x を使った式で表す活動に取り組みます。そして，得られた式 $8x+12$ を使って，4の倍数になる説明を考えます。

(2) 発展課題に取り組む

　発展的な課題に取り組み，□の中の数が4の倍数になることを文字の式を使って説明します。

T 発展課題の結果はどうなりましたか？

S1 私は○に2から5を入れました。すると□は52になりました。これは4でわりきれるので，大吉です。

S2 僕は○に8から11を入れたら□はちょうど100になりました。これも4でわりきれます。

S3 先生，発展課題も答えはみんな4の倍数になるんじゃないですか？

T では，探究課題と同じようにして，□の中の数が4の倍数になることを説明してみましょう。

この後，4つの連続する自然数のはじめの数を x とおき，□の中の数を x を使って表します。そして，得られた式 $8x + 36$ が4の倍数になる説明を考えます。

(3) 課題の条件をいろいろ変えて，新たな課題を見いだす

　探究課題や発展課題の結果が4の倍数になることを確かめた後，これらの課題をさらに発展的に考察することを促します。例えば，連続する自然数の代わりに「連続する奇数」を入れた場合について考えてみます。

T　　探究課題や発展課題で，○に入れる数を「連続する
　　　4つの奇数」に変えたらどうなるでしょうか？
S1　同じように文字を使って考えればいいのかな？
S2　ひょっとしたら，中吉や小吉が出てくるかもしれな
　　　いね。やってみようよ！

　このように，○に入れる数の間隔を変えるなど，元の課題と条件を変更したときに，□の中の数がどのように変化するのかを観察して，その規則性を考えることができます。他にも  ○の個数を変えるなど，新しい課題を見いだし，それに取り組んでいくことを提案します。

6　評価について

(1) 文字式を使って論理的に説明することができる
　（知識・技能）

　予想した事柄が成り立つことを，文字を用いた式で説明できているかを確認します。授業中の生徒同士のやりとりの場面や，ワークシートに書かれた内容から，必ず4の倍数になるという結論やそれが成り立つことを説明するのに文字式を用いることができているかを評価します。ただし，数の性質を説明するのに，文字式の形をうまく整えられていない場合もありますから，記述内容を丁寧に読み取り評価していく一方で，授業の中で説明に適したわかりやすい表現の仕方を生徒に示していくことが大切です。

(2) 発展的に考察して自ら課題を見いだそうとしている
　（主体的に学習に取り組む態度）

　課題について考察した後，○に当てはめる自然数を「連続する奇数」や「連続する3の倍数」に変えてみる，○の個数を3つや5つに変えてみるなど，条件を変えることによって課題を様々に発展させることができます。そこで，新しい課題を見いだし考察してレポートにまとめさせることで，生徒の主体的に学習に取り組む態度を評価することができます。

（富永和宏）

1年／比例と反比例
面積が等しい長方形をつくろう

0 単元の指導計画（全24時間）

・関数（３時間）

・比例（７時間）

・反比例（６時間）

・比例と反比例の利用（６時間）※本時はその第５時

・単元のまとめ（２時間）

1 授業のねらい

　y 軸上に１つの頂点を固定し，y 軸上に１辺がある長方形を，面積が一定となるようにいくつかかいて観察し，x 座標と y 座標の関数関係を見いだし，表，式，グラフを用いてこの関数の特徴を把握します。また，課題の解決の過程を振り返る活動を通して，新たな気づきや疑問につながるような考察を促します。

2 探究課題

　座標軸の1目もりを1cmとします。左上の頂点が点（0，3）にあり，1辺がy軸上にあって，面積が6cm^{2}の長方形を，座標平面上にいくつかかきます。

　長方形の右下の頂点の座標（x，y）について，xとyの関係を調べましょう。

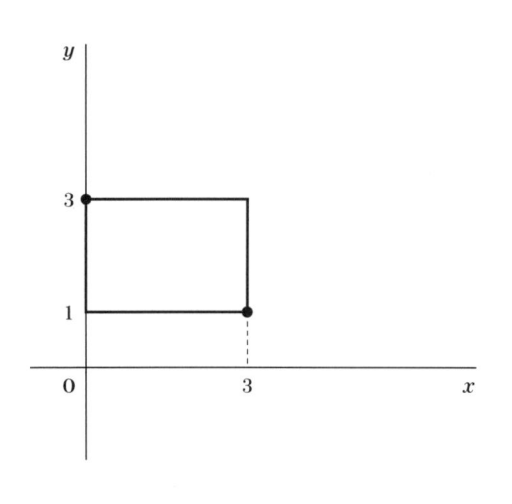

図1　右下の頂点が（3，1）の場合

3　授業での「探究」のポイント

(1) 図示するなどして x と y の関係について見通しをもつ

　長方形をいくつかかいて右下の頂点を取ると，例えば，次の図2のようになります。

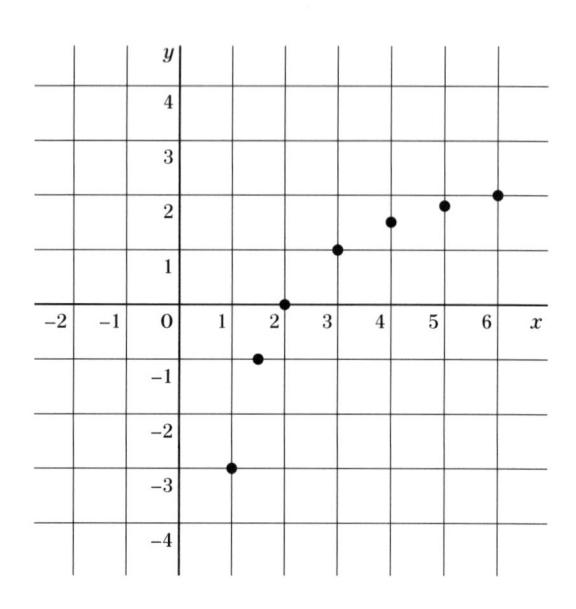

図2　長方形の右下の頂点

　この点列から，反比例のグラフとよく似た形であることに気がつきます。この気づきと図，表，式をあわせて x と y の関係を調べます。

(2) 新たな課題につながる振り返りをする

　探究課題を解決した後，課題の設定や結果を振り返って，考えてみたいことや疑問に思ったことを記述します。4人程度の小グループでの話し合いや全体での発表を通して，新たな課題につながる考えを共有します。

4　教材と授業準備

　面積が常に$6\,\mathrm{cm}^2$であることに着目して立式すると，
$$x(3-y)=6\,(x>0)\cdots\cdots①$$
となります。図と表の観察から，反比例と関連づけて，

$$y=-\frac{6}{x}+3$$

とする生徒がいるかもしれません。この場合は，探究課題の設定に戻って①を確認することが必要になるでしょう。

　①について，yはxの関数であることを確認し，$-\frac{6}{x}$が出てくる見通しをもって変形すると，

$$y=-\frac{6}{x}+3\,(x>0)\cdots\cdots②$$

を得ます。関数②のグラフは，$y=-\frac{6}{x}\,(x>0)$のグラフを平行移動したものです。グラフの平行移動ははじめて考えますから，透明なシートに点をとったものを動かして，$y=-\frac{6}{x}$のグラフに重ねたり，グラフ作成ソフトを使って2つのグラフを比較したりして確認します。

5 授業展開

(1) x と y の関係を調べる

　長方形をかいて，右下の頂点を取ります。

S1　x や y の値は小数や分数でもいいですか？
T　　構いません。長方形が図からはみ出てもいいです。
S2　y が負の値になることもあります。
S3　反比例のグラフのような形をしています。
S4　$x = 3$，$y = 1$ のときは $xy = 3$ ですが，$x = 6$，$y = 2$ のときは $xy = 12$ になるので，反比例とは言えません。

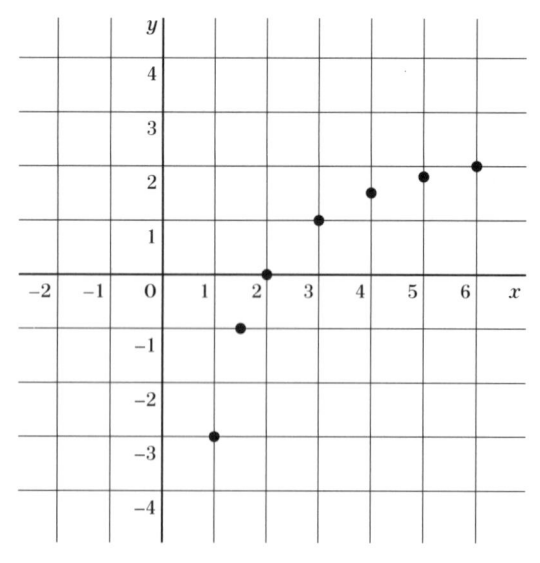

図2　(再掲)

このあと，次のような表をつくります。

表1　x の値に対応する y の値

x	0	1	1.5	2	3	4	5	6	$\cdots$
y	×	-3	-1	0	1	1.5	1.8	2	$\cdots$

T　この表からどんなことがわかりますか？

S1　反比例の値に何か定数を加えたものでしょうか？

S2　図の点と表の値から，考えているのは $y = -\dfrac{6}{x}$ と3

違うので，$y = -\dfrac{6}{x} + 3$ だと思います。

下のように，$-\dfrac{6}{x}$ の値を表に追加します。

表2　表1に $-\dfrac{6}{x}$ の値を追加してまとめた表

x	0	1	1.5	2	3	4	5	6	$\cdots$
y	×	-3	-1	0	1	1.5	1.8	2	$\cdots$
$-\dfrac{6}{x}$	×	-6	-4	-3	-2	-1.5	-1.2	-1	$\cdots$

S1　$y = -\dfrac{6}{x} + 3$ で合っていると思います。

T　同様に考えた人が他にもいます。図に $y = -\dfrac{6}{x}$ の点をかいた人もいます。ただ，この求め方は，数個の点の座標を確認しただけとも言えます。問題の設定

に戻って，式を考えてみましょう。

　面積が一定であることに着目して立式するとき，長方形の縦の長さを y を使ってうまく表現できない生徒がいるかもしれません。そのときは具体例などを使って丁寧に確認します。

T　長方形の面積は常に $6\,\mathrm{cm}^2$ です。$x=3$，$y=1$ のとき，横の長さは $3\,\mathrm{cm}$ です。縦の長さは何 cm ですか？

S 1　$2\,\mathrm{cm}$ です。

T　どのようにして求めましたか？

S 2　$y=1$ で長方形の左上の頂点の y 座標が 3 ですから，縦の長さは $3-1=2$ です。

T　右下の頂点の座標が $(x，y)$ のとき，横と縦の長さを文字で表してみましょう。まず，（横の長さ）$=x$ です。縦の長さは，y を使って表すとどんな式になりますか？

S 3　少し前の 1 が，y に置き換わると考えれば，縦の長さは $3-y$ と表されます。

S 4　面積が常に $6\,\mathrm{cm}^2$ ですから，
$$x(3-y)=6$$
という式が出てきます。

　課題の設定を振り返って，y が x の関数であることを確

認します。次に，反比例 $y = -\dfrac{6}{x}$ の気づきを生かして考察を進めます。

T　　$x(3 - y) = 6$ を「$y =$」に変形してみましょう。反比例 $y = -\dfrac{6}{x}$ と似た形の式になるのでしょうか？

S1　両辺を x でわって移項すると，$y = -\dfrac{6}{x} + 3$ になります。

S2　やはり $y = -\dfrac{6}{x} + 3$ になりました。

　透明シートに点をとったものを動かして，$y = -\dfrac{6}{x}$ のグラフに重ねたり，グラフ作成ソフトを使って2つのグラフを比較したりするなどして，求める関数のグラフが反比例 $y = -\dfrac{6}{x}$ のグラフを平行移動したものであることを確認します。

S1　ちょうど3ずらしたら，ぴったり重なりました。

S2　表の y と $-\dfrac{6}{x}$ の値の差は，すべて3でした。

　課題の設定から，x の変域が $x > 0$ であることを確認します。以上により，関数は，

$$y = -\frac{6}{x} + 3 \ (x > 0)$$

であり，そのグラフは，$y = -\dfrac{6}{x} \ (x > 0)$ のグラフを y 軸方向に3だけ移動したものであることを確認します。

　その後，図2の点を，反比例のグラフと同じ形になるよ

うに曲線でつなぎます。

(2) 問題解決の振り返り

まず，得られた結果をまとめます。本時で扱った関数は分数式と定数項の和として表される関数であり，そのグラフは反比例のグラフの一部を平行移動したものであることを確認します。

また，関数を調べる方法として，表，式，グラフを用いることが有効で，これらを関連づけながら考察することが大切であることを振り返ります。

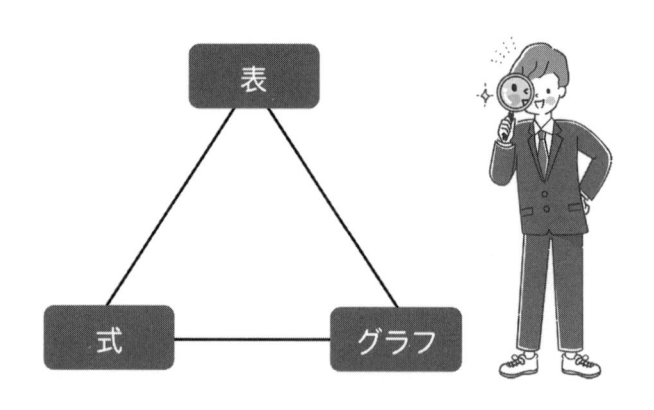

次に，今回の課題に関して考えてみたいことや疑問に思ったことについて，4人程度の小グループで話し合い，発表して，全体で共有します。座標や面積を変えることや，別の多角形を考えるといった新たな課題につながる視点を確認します。

6 評価について

(1) 関数の特徴を把握することができる
（思考・判断・表現）

　発言や発表，表，式，グラフのかき込みを確認し，本時で扱った関数の特徴が理解できたかを評価します。

　「わかったこと・気づいたこと」として書かれている中で，本時の関数について「$-\dfrac{6}{x}$ と 3 の和として表される」「難しそうだったが，実はほとんど反比例だった」といった記述があれば，特徴を把握したと判断することができます。

　さらに，「y の値は 3 にはならないが，増え続ける」といった気づきがあれば，より深い理解を表すものとして評価したうえで，図や式を用いて直線 $y = 3$ が漸近線であることをクラス全体で確認します。

(2) 新たな課題につながる考えをもつことができる
（主体的に学習に取り組む態度）

　「考えてみたいこと，疑問に思ったこと」について記述した中に，「長方形の左上の頂点を，（0，3）以外の点に変える」「面積を変えた場合はどうなるか」「直方体の体積を一定にした場合の頂点の座標を考える」「長方形以外の多角形の頂点を考える」といった表現があれば，それらを新たな課題につながる考えとして積極的に評価します。

（森脇政泰）

どの辺に最も近いかを考えて，四角形の内部を区分けしよう

0　単元の指導計画（全16時間）

・基本の図形（１時間）

・いろいろな角の作図（３時間）

・円と直線の作図（２時間）

・作図の利用（３時間）※本時はその第３時

・図形の移動（１時間）

・平行移動，回転移動，対称移動（４時間）

・単元のまとめ（２時間）

1　授業のねらい

　この授業では，角の二等分線の性質を利用して，どの辺に最も近いかで四角形の内部を区分けするときの境界線を作図する方法について考えます。

　第１学年では，角の二等分線上の点は辺からの距離が等しいことを，複数の場合を調べたり，紙を折ったりして確認します。本時は，四角形の向かい合う２辺から等しい距離にある直線について，４つの内角の二等分線の交点から

予想を立て，図形ソフトなどを利用して四角形の形を変えながら，予想した直線上の点から2辺までの距離を調べ，予想が正しいことを具体的に確かめることがこの授業のねらいです。さらに，「四角形の形によって境界線はどのように変わるか」「五角形の場合，境界線はどうなるか」など，授業の内容を発展させて新たな課題を見いだし，それに取り組もうとする態度を育てることがもう1つのねらいです。

2　探究課題

　図のような四角形 ABCD において，どの辺に最も近いかを考えて，四角形の内部を4つに区分けします。区分けする各エリアの境界線を作図するにはどのようにすればよいでしょうか。

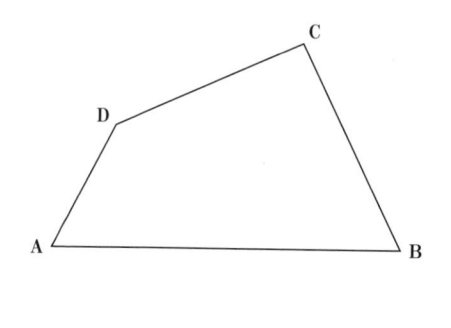

3　授業での「探究」のポイント

(1) 実際に作図することで境界線を予想し，いろいろな四角形で考えることで予想が正しいかを確認する

　隣り合う2辺から等しい距離にある点の集合は，その2辺がつくる角の二等分線になります。三角形の場合は，3本の角の二等分線の交点（内心）から各頂点に引いた線分が，3つの辺のうちどの辺に最も近いかで三角形の内部を区分けするときの境界線になります（図1）。

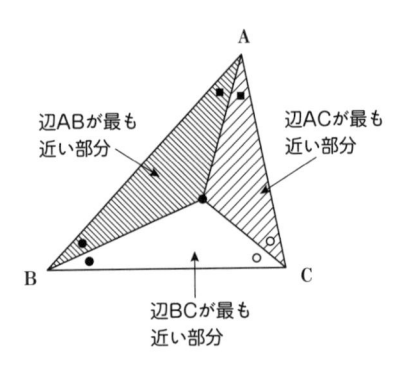

図1　三角形の内部の区分け

　これを発展させて，本時は四角形の内部を4つの辺のうちどの辺に最も近いかで区分けするときの境界線はどうなるかを考えます。与えられた四角形 ABCD について，各内角の二等分線を引くと図2のようになります。図2より辺 AD や辺 BC が最も近い辺になる部分はわかりますが，辺 AB や辺 CD が最も近い辺になる部分については境界線

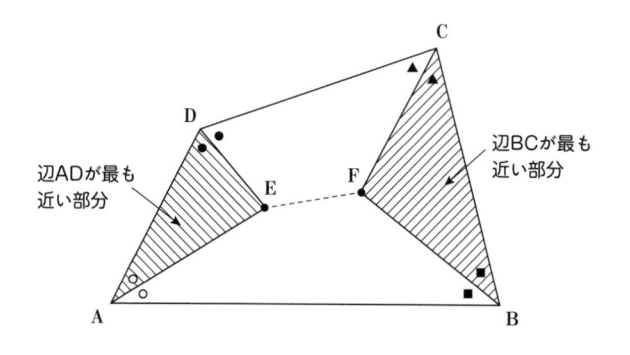

図2　四角形の内部の区分け

が明らかではありません。ただし，観察の結果から「線分
EF が境界線になるのでは？」という予想が出ることは十
分考えられます。そして線分 EF 上の点から2辺 AB，CD
への距離を実際に測ることで，予想が正しいかどうかを調
べます。さらに，図形ソフトなどを利用して四角形の形を
変えたときにも同じことが言えるか確認します。

　第2学年であれば図形の性質を基に予想が正しいことを
演繹的に説明する活動に取り組むところですが，第1学年
では四角形の形をいろいろ変えながら具体的に調べること
で，予想が正しいことを確認します。

(2) 条件を変えることで，新たな探究課題を生み出す

　この課題では「どの辺に最も近いかで四角形の内部を区
分けするときの境界線を作図する」ことが目的でしたが，
例えば「四角形の形が変わると，この境界線はどのように

変わるか」「四角形を五角形に変えたら境界線はどうなるか」など，図形の条件を変えることによって新しい課題を生み出すことができます。特に，図形ソフトを利用すれば図形の変更が容易ですので，生徒自ら新たな課題を設定したり調べたりすることがやりやすくなるでしょう。

4　教材と授業準備

この教材は「線分 EF 上の点は 2 辺 AB，CD への距離が等しいか」ということですが，それは図 3 のように，2 直線 AB，CD の交点を G とするとき，「直線 EF は∠BGC の二等分線と一致するか」……①と言い換えられます。

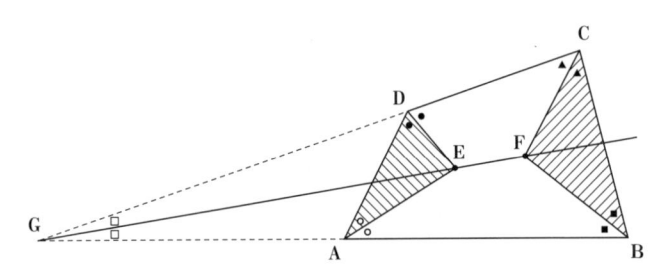

図3　角 G の二等分線と直線 EF

①が成り立つことは次のように説明できます。点 E は∠BAD と∠CDA の二等分線の交点なので，辺 AB と辺 CD からの距離が等しくなります。したがって，直線 AB と直線 CD が作る∠BGC の二等分線上の点であることが言えます。また，点 F は∠ABC と∠DCB の二等分線の

交点なので，これも 2 辺 AB，CD からの距離が等しく，∠BGC の二等分線上の点であることが言えます。2 点を通る直線は 1 つに決まるので，直線 EF と∠G の二等分線は同じ直線です。このことから直線 EF 上の点は，2 直線 AB，CD への距離が等しいと言えます。

　授業では，線分 EF 上の点から 2 辺 AB，CD までの距離を実際に測る他にも，直線 EF を折り目にしてワークシートを折ったときに直線 AB と直線 CD が重なることから，EF 上の点から 2 辺 AB，CD への距離が等しいことを確認するなどの方法もあります。さらに，図形ソフトを利用することで，四角形の形を変えても点 E，F が∠G の二等分線にあることを確認することができます。

（注）ただし，四角形の形によっては，辺 AB や辺 CD が最も近い辺になる部分の境界線と線分 EF が一致しない場合もあります。（図 4）

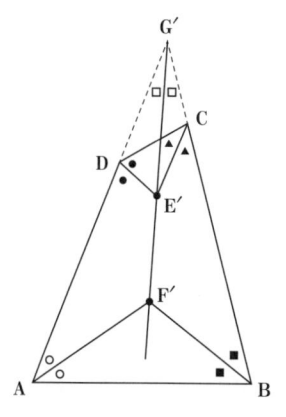

図4　辺 AD や辺 BC が最も近い辺になる部分の境界線である線分 E′F′

5 授業展開

(1) 作図して，見えない境界線を予想する

　ワークシートにある四角形において，4つの辺のうちどの辺に最も近いかで四角形の内部を区分けするときの境界線を考えます。4つの内角の二等分線を作図すると，隣り合う2つの内角の二等分線は1点で交わり，辺ADと辺BCが最も近い辺になる部分を示すことができますが，向かい合う2辺AB，CDが最も近い辺になる部分の境界線がないことに気がつきます。

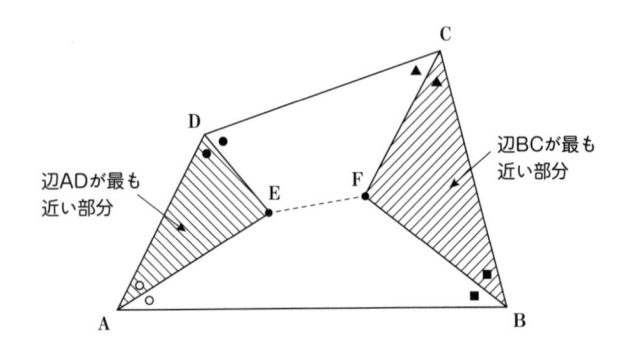

図2　四角形の内部の区分け（再掲）

S1　三角形のそれぞれの角の二等分線は1点で交わったけど，四角形の角の二等分線は1点で交わらないね。

S2　これじゃ向かい合う2辺 AB，CD が最も近い辺になる部分の境目がわからないね。

S1　E と F をつなぐ線分を引いたら，辺 AB と辺 CD

が最も近い辺になる部分の境界線になるのかな？

S2　そうかもしれないね。でもどうすれば，線分 EF の
　　　上の点は2辺 AB，DC からの距離が等しくなって
　　　いることを確かめられるのかな？

**(2) 線分 EF が境界線となることを確認し，他の四角形で
　　も予想したことが正しいか，図をかいたり図形ソフト
　　などを利用したりして確認する**

　　線分 EF 上の点は2辺 AB，CD への距離が等しいこと
を，実際に距離を測ったりワークシートを折ったりしなが
ら確認します。

T　　線分 EF の上の点は向かい合う2辺 AB，CD から
　　　等しい距離にあるかどうか，確かめてみましょう。

S1　線分 EF 上に点をとって，2辺まで垂線を引いて距
　　　離を測ったら等しい長さになったよ。

S2　直線 EF を折り目にしてワークシートを折ったら，
　　　直線 AB と直線 CD が重なったよ。

S3　それって，直線 AB と直線 CD が直線 EF について
　　　線対称な位置にあるってことだよね。だとしたら，
　　　直線 EF の上の点は，直線 AB と直線 CD から等し
　　　い距離にあると言えるね。

T　　他の四角形でも同じことが言えるでしょうか。

　　生徒は，それぞれ四角形をかいて確かめることで，いろ

いろな四角形について，線分 EF の上の点は向かい合う 2
辺 AB，CD から等しい距離にあるかどうかを調べ，予想
が正しそうであるとの見通しをもちます。さらに，図形ソフト
を利用して，色々な四角形について予想が正しいかを
調べます。

T　　直線 AB と直線 CD から同じ距離にある点をたくさ
　　　ん並べると，どんな図形になると思いますか？
S 1　それは，線分 EF になるのではないのですか？
T　　線分 EF は限られた範囲だけですね。2直線 AB，
　　　CD から等しい距離にある点はどうですか？
S 2　2本の直線で作ることのできる角の二等分線になる
　　　と思います。
T　　では，図形ソフトを利用していろいろな四角形をつ
　　　くりながら，2直線 AB，CD がつくる角の二等分
　　　線と2点 E，F の位置について見ていきましょう。

　この後，いろいろな四角形について，2直線 AB，CD
がつくる角の二等分線の上に2点 E，F がある様子を観察
し，線分 EF の上の点は向かい合う2辺 AB，CD から等
しい距離にあることを確認します。第2学年では，図形の
性質が成り立つことを演繹的に説明する力を育てていきま
すが，第1学年では，長さを測ったり，紙を折ったり，
様々な図形で調べたりすることで直観的に理解することを
大事にします。

(3) 条件を変えることで，新たな課題を見いだす

　この授業では，四角形の向かい合う2辺から等しい距離にある点の集まりについて考察しましたが，さらに「四角形の形を変えてみる」や「考察の対象を四角形から五角形に変える」など，条件を変えることで新しい課題を見つける活動に取り組みます。それらの結果は，レポートにまとめて次の授業で発表させることも考えられます。

T　　この課題の中にある条件を変えて，新しい課題を作ってみよう。

S1　四角形の形を変えると，向かい合う2辺の境界線はどうなるかな。

S2　頂点をいろいろ動かしたら，4つの内角の二等分線が1点で交わるような四角形ができたよ。（図5）

S3　この四角形はどんな四角形になっているのかな？

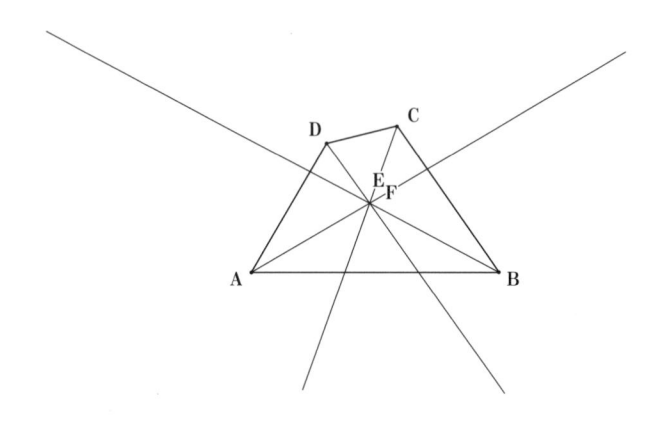

図5　4つの内角の二等分線が1点で交わる四角形

S4　課題の四角形の部分を五角形に変えて角の二等分線を引いてみたよ。（図6）

S5　角の数が増えると，二等分線の数も増えて，交点の数も増えるね。境界線はどうなるのかな？

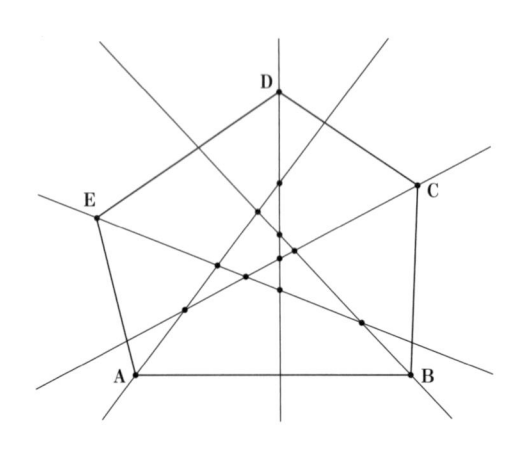

図6　五角形と各内角の二等分線

　四角形の形を変えて境界線を調べたり，角の数を増やしたりするとかなり難易度の高い課題となります。1時間の授業内で解決を求めるのではなく，レポート課題として十分な時間を取り，その結果をクラスやグループで発表することで，角の二等分線の性質など学習内容への理解も深まります。

6 評価について

(1) 境界線についての予想を，自分なりの方法で解決している（思考・判断・表現）

　境界線についての予想を自分なりの方法で確認しようとしているかを評価します。具体的には，

- ・線分 EF 上の点から 2 辺 AB，CD までの距離を測る
- ・線分 EF を折り目にしてワークシートを折り，向かい合う 2 辺 AB，CD が重なるかどうかをみる
- ・2 辺 AB，CD の延長がつくる角の二等分線が，2 点 E，F を通ることを確認する

などの結果から，「なぜそれが 2 辺 AB，CD から等しい距離にあることを表すのか」ということも含めて説明しようとしていることを評価します。

(2) 新たな課題を，これまでに学習した内容も踏まえて解決しようとしている（主体的に学習に取り組む態度）

　新たな課題を見いだす活動に取り組むときには，これまでに学習した内容も踏まえながら，課題を考えようとしているかを評価します。具体的には，

- ・条件を変える際に，二等分線を利用するなど境界線についての考察ができている
- ・角の二等分線など学習した内容を用いて解決する見通しがついている

などを評価します。 （喜田英昭）

ストップタイム・トライアルの 得点の規定を考えよう

0 単元の指導計画（全14時間）

- 度数分布表とヒストグラム (2時間)
- 累積度数と相対度数 (2時間)
- データのまとめ方 (2時間)
- データの傾向のつかみ方 (3時間)
  ※本時はその第2時
- 相対度数と確率 (3時間)
- 単元のまとめ (2時間)

1 授業のねらい

　この授業では，ストップウォッチで5秒をねらって止めるゲームを行うにあたり，止めた時間のデータを集めてその傾向を調べ，よりおもしろいゲームにするためにルールの設定を考える活動を行います。

　ゲームは1回ごとに最大10点の得点を獲得できるチャレンジを2回行うことにします。この得点の規定をどのようにするのかを，データの傾向を調べて考えることがこの授

業のねらいです。

　得点の規定を決めるには，

　・10点を与える時間の範囲はどうするのか？

　・単純に，止めた時間が5秒に近いほど高得点にするの
　　でよいのか？

などを検討する必要があります。そして，これらを検討す
るには，実際にストップウォッチで5秒をねらって止めた
時間のデータをとることが欠かせません。集めたデータを
度数分布表に整理する，ヒストグラムに表すなど，これま
での学習内容を利用してデータをまとめること，さらにそ
の結果からデータの傾向を調べ，得点の規定の決定に反映
させることが学習活動の中心になります。

2　探究課題

　5秒をねらってストップウォッチを止める「ストッ
プタイム・トライアル」のゲームをします。ゲームは，
1回のチャレンジを10点満点として2回行い，合計得
点で競います。

　このゲームをおもしろくするために，得点の与え方
（得点の規定）について考えましょう。

3 授業での「探究」のポイント

(1) ゲームの結果をまとめて，その傾向を調べる

この課題では，データの分布（範囲）が重要になります。最高点を10点としてゲームの得点の規定を考えるとき，4.95秒から5.05秒の0.1秒の間に止められたら10点にするのか，4.8秒から5.2秒の0.4秒の間に止められたら10点にするのかは，ゲームの難易度に大きく関わり，ゲームのおもしろさにも影響します。この得点を与える時間の幅を決めるには，実際にデータの分布がどのようになっているのかを把握する必要があります。

最大値や最小値だけを確認して範囲を等分するのか，データの分布の様子（偏り）を調べて得点を与える時間の幅に差をつけたりするのかなど，様々な得点の規定の仕方が考えられます。そんないろいろなアイデアを検討するために，目的を明確にしながら，自ら進んでデータの整理に取り組もうとする態度は，探究的な学びにつながる大切な要素だと考えられます。

最大値，最小値，データの分布…

(2) データの傾向をふまえて得点の規定を決める

得点の規定には，(1) で述べたように得点を与える時間の幅の他にも，単純に目標の5秒に近いタイムほど高い得

点を与えるのか，それとも5秒を超えると少ない得点しか得られないようにして，5秒ちょうどをねらうより少し手前で止める方が実際には有利になるのでは？など，ゲームの戦略性を考えた規定をつくることもできます。

このように，いろいろなアイデアを提案できる課題に取り組むことを通して，様々な意見を出し合ったり，話し合いの結果から自分のアイデアさらに深めたり発展させたりすることは，主体的に学習に取り組む態度を養うことにつながります。

4　教材と授業準備

この探究課題は「こうでないといけない」という答えはありません。大切なのは「根拠を基に自分のアイデアをいかに主張できるか」という点です。ゲームを試行して集めたデータを整理し，その結果を基にしてアイデアを練り，根拠とともに自分の考えた得点の規定を主張します。そのためには，これまで学習してきた内容を活用することが求められます。データを表やグラフにまとめるにはPCなどのICTの活用も効果的です。特に，度数分布表やヒストグラムなどは，階級の設定によってはデータの見え方が変わってくるので，ICTを活用してデータの様子がどのように変化するのかを確認するのもよいでしょう。

また，ゲームの得点の与え方についてもいろいろな方法が考えられます。単純に「目標の5秒により近い方がよい

得点になる」とする方法があります（図1）。これに対し，「5秒を超えると得点が小さくなる」とする方法なら，5秒ちょうどをねらって失敗するより少し手前で止めた方がよい，とゲームの勝ち方も考慮する必要があります（図2）。さらには，図3のように，得点を与える時間の枠を不規則な配置にして，ゲームに運の要素をより強く盛り込む規定を考える生徒もいるかもしれません。

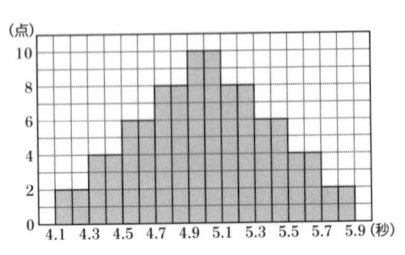

図1

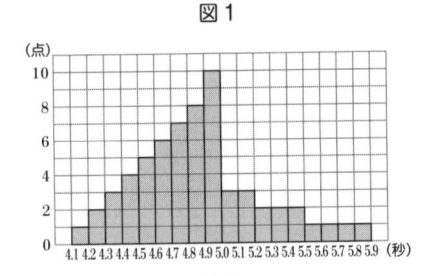

図2

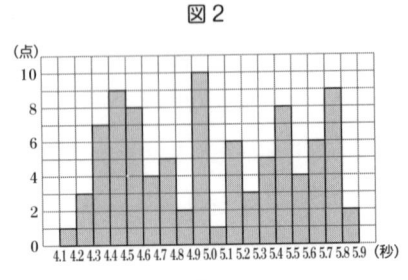

図3

これらのアイデアをお互いに出し合って規定を決めていく過程で，「１回試してみよう」という話になるかもしれません。仮説を立てて，実際に試して検証し，改善を加えていくＰＤＣＡサイクルを回すような学習活動を行うことは探究的な学びを進める重要な要素だと考えられます。

　なお，このゲームではストップウォッチは１／100秒まで計ることのできるものを使います。画面を見ながら５秒をねらってストップウォッチを止めるよりは，見ずに止める方が難易度が高くゲームが盛り上がるので，画面を見ずに行うことにします。

5　授業展開

(1) データを収集し整理する

　実際にストップウォッチを使ってデータをとり，クラス全体で集計し，整理します。

Ｔ　　得点の規定を考えるために，皆さんが取ってくれたデータをまとめて，その特徴を調べてみましょう。どんなことがわかりますか？

Ｓ１　最大値が5.62で最小値が4.38なので，範囲は1.24です。ちなみに中央値は4.97です。

Ｓ２　僕は分布の様子が見たいのでヒストグラムにまとめました。その結果は図４のようになりました。

Ｓ３　やっぱり５秒近くのデータが多いなぁ。でも，目標

は 5 秒なんだから，階級の中央に 5 秒がくるように
　　取った方がいいんじゃないのかな？

S 2　階級の幅は0.1のままで階級の中央に 5 秒がくるよ
　　うにしたものが図 5 だよ。階級の取り方で分布の様
　　子も違って見えるよね。他にも階級の幅を変えてヒ
　　ストグラムをつくってみたよ。

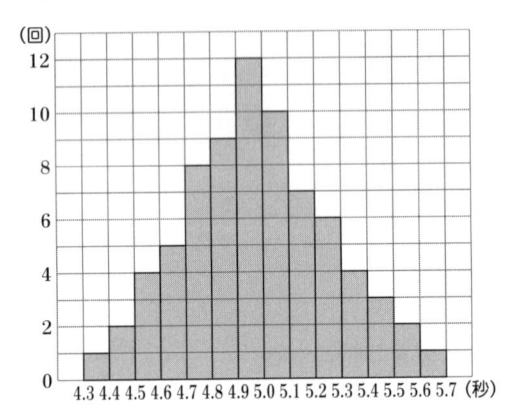

図 4

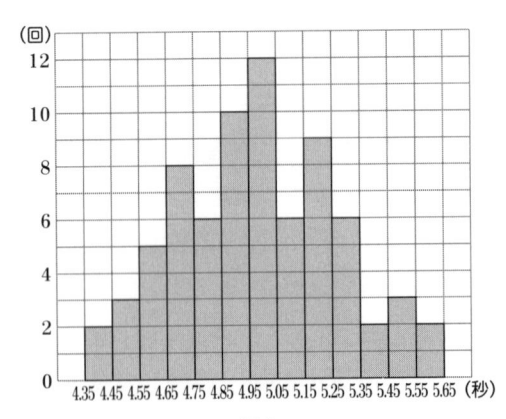

図 5

この後はヒストグラムを見ながら，1点刻みで得点をつけるのか，2点以上の差をつけて割り振るのかなどを話し合っていきます。教師はその様子を見ながら，得点の振り分け方について問題提起を行い，さらに生徒に考えることを促します。

(2) 得点の規定を考察する

得点の与え方について検討を加え，ゲームがおもしろくなるように得点の規定を考えていきます。

T　得点の与え方ですが，どのように考えていますか？

S1　目標が5秒なので，5秒に近いほど高い得点にするのがいいと思います。

T　確かに，そのつけ方でもいいですが，ゲームをおもしろくするという規定なら，他のつけ方もあるのではないでしょうか？

S2　それは，一発逆転がねらえるように点差を大きくするような感じですか？

T　そういう考え方もありますね。他のアイデアはありませんか？

S3　5秒ちょうどのときは高得点だけど，少しでもズレるといい点にならないというようなことですか？

S4　それって，すごろくでゴールのすぐ手前に「スタートに戻る」のマスがあるみたいで，緊張感あるかも。

T　いいですね。他にもゲームをおもしろくできるよう

な得点のつけ方を考えてみてください。

　このようなやり取りから，緊張感があり，しかもうまくいったときの喜びが大きくなるような規定など，様々なアイデアを引き出すことができます。

(3) 得点の規定についてのアイデアを検討し改善する

　お互いに考えたアイデアについて意見を交流しながら，そのアイデアでゲームがおもしろくなりそうかについて話し合います。そして，さらに改良を加えて，得点の規定をブラッシュアップするような活動に取り組みます。

T　　皆さんの案では，5秒ちょうどで止めると高得点になる設定が多いですが，どうしてこの設定でゲームがおもしろくなると考えたのですか？

S1　逆転がある方がおもしろいんだから，それでいいんじゃないのかな？

S2　でも，一発当てたかどうかだけで勝負が決まるみたいに，運の要素をあまり強くし過ぎると，かえってつまらなくなるかもね。

S1　だったら，実際にやって確かめてみようよ。

S2　そうだね。いろいろな得点の設定で試してみて，その結果も取り入れたら，もっとおもしろくなるかもしれないね。

なお，得点の設定とゲームのおもしろさについて議論する場合には，あらかじめ評価する視点を明確にしておくことが必要であることを確認しておきます。

6　評価について

(1) 根拠を基に自分のアイデアを主張することができる（思考・判断・表現）

　チャレンジの結果をまとめてデータの特徴をつかむとともに，ゲームをおもしろくするための視点をもってアイデアを探す活動ができているかを確認します。授業中の生徒同士のやりとりの場面やワークシートの記述内容から，まとめたデータをもとに自分の考えた得点の設定の長所を根拠立てて主張する力について評価します。

(2) 結果を踏まえ，よりよい答えを見いだそうとしている（主体的に学習に取り組む態度）

　自分のアイデアについて検証する必要性を理解するとともに，その結果から，さらによりよい答えを見いだそうとする態度を確認します。ワークシートに書かれた記述の内容や授業後のアンケート（自己評価）を確認することで，主体的に学習に取り組む態度を評価することができます。

（富永和宏）

自然数を仲間分けしよう

0 単元の指導計画（全14時間）

- ・文字式のしくみ（1時間）
- ・多項式の計算（3時間）
- ・単項式の乗法・除法（2時間）
- ・式の値（1時間）
- ・文字式による説明（4時間）※本時はその第4時
- ・等式の変形（1時間）
- ・単元のまとめ（2時間）

1 授業のねらい

　この授業では，自然数を「わりきれる数」に注目して仲間分けするために，倍数の判定方法について考えます。生徒は，経験的に自然数の下1桁を見て偶数か奇数かを判断できるので，少なくとも1通りの仲間分けの視点をもっています。そこで，見方を変えることで別の仲間分けの方法がないかを考えさせます。電卓（もしくはパソコンの計算機能）を利用しながら，倍数の判定に関する予想を立てま

す。そして，その予想をより強固なものとするために，与えられたもの以外の数でも試してみます。さらに，「どうやらこの予想は正しそうだ」と思えた段階で，一般性を保証するために文字を用いた説明に取り組みます。

2 探究課題

> 次の10個の3桁の自然数を仲間分けしてみましょう。どのような基準で分けたのかも教えてください。
>
> | | | | | |
> |---|---|---|---|---|
> | 110 | 132 | 253 | 315 | 462 |
> | 510 | 621 | 781 | 802 | 954 |

3 授業での「探究」のポイント

(1) 自分で具体例を追加して成り立つ事柄を予想する

　この課題では，10個の自然数の仲間分けを行います。いろいろな視点での分類が考えられますが，「偶数と奇数」という見方が出たことをきっかけにして，「ある数の倍数になっているか」という視点での分類について考えてみます。その数がある数 n の倍数かどうかは，実際にわり算をしてみればわかりますが，偶数と奇数の場合に下1桁に注目したように，各位の数の特徴から倍数を判定する方法

について考えます。例えば，3の倍数であれば，いくつか
の例から，「おそらく，各位の数の和が3の倍数であれば
…」という予想が出てきますが，具体的に試した例が少な
いことから，自分で3の倍数を他にもつくってみて，その
予想がどうやら正しそうであることを確認します。ここで
は，予想や見通しが，しっかりとした観察や実験を基にし
たものであることが大切です。

(2) 桁数を増やして考察の結果を統合的に捉える

　与えられた課題から，生徒は3桁の整数について成り立
つ事柄として整数の性質を見いだし，文字を用いて説明し
ます。その後，整数の桁数を増やすなどして，見いだした
数学的な性質の一般性について考察を深めます。特に，11
の倍数については，3桁の整数の場合には「両端の位の数
の和と真ん中の位の数の関係」としてまとめることになり
ますが，これが4桁の整数ではどのようになるかを考える
ことで，11の倍数と各位の数の関係をより一般的に考察す
ることができます。そして，一番最初の3桁の場合を振り
返って関連づけることで，「奇数番目の位の数の和と偶数
番目の位の数の和との関係」という統合的な見方によって，
数学的な性質をまとめることができます。

4　教材と授業準備

　この課題は倍数の判定法に関するもので，中学校数学で

もよく扱われるポピュラーな話題です。

　有名なものとしては，

・2の倍数……下1桁が偶数

・3の倍数……各位の数の和が3の倍数

・9の倍数……各位の数の和が9の倍数

などがあり，文字式の計算を学ぶ第2学年の生徒にとって，文字式を用いるよさを実感するのにとても扱いやすい題材です。このような中において，11の倍数については，3桁の自然数に関して，「両端の数の和と真ん中の数の差が11または0」であればよいことが，次のように文字を用いて説明できます。

　3桁の数の百の位，十の位，一の位の数がそれぞれ a，b，c であるとき，その自然数 N は，N $= 100a + 10b + c$ となります。そして，

$$N = 100a + 10b + c = 99a + 11b + (a - b + c)$$
$$= 11(9a + b) + (a - b + c)$$

と変形できることから，$a - b + c$ が11の倍数であればよいことがわかります。

　同じように文字を使って考えると，何桁の整数であっても，右から奇数番目の位の数の和と偶数番目の位の数の和との差が11の倍数であればよいことが示されます。これは，

$10^8 - 1$ のような10の偶数乗から 1 をひいた数と，$10^9 + 1$ のような10の奇数乗に 1 を加えた数が，いずれも11でわりきれることが理由です。

　高校数学で学ぶ二項定理を用いると，

$$10^{2k} - 1 = 100^k - 1$$
$$= (99 + 1)^k - 1$$
$$= {}_kC_0 99^k + {}_kC_1 99^{k-1} + \cdots + {}_kC_{k-1} 99$$

となるので，11でわりきれることがわかります。

　また，$10^1 + 1$ は明らかに11でわりきれます。さらに，先ほどの結果から $10^{2k} - 1 = 11M$ と表されるので，

$$10^{2k+1} + 1 = 10 \times 10^{2k} + 1$$
$$= 10(11M + 1) + 1$$
$$= 10 \times 11M + 11$$

と変形され，こちらも11でわりきれることがわかります（${}_nC_r$ は，異なる n 個の中から異なる r 個を取り出す組合せの総数を表します）。

　授業では，提示された数以外の場合を積極的に自分で調べるために，電卓やパソコンの計算機能を活用します。

5　授業展開

(1) 分類の視点を設定し自然数の仲間分けを行う

　与えられた10個の自然数を見て，仲間分けを行います。どのような基準で分けたのかもあわせて聞いてみると，生徒の中からいろいろなアイデアが出てきます。

T　どのような分け方をしましたか？

S1　私は偶数と奇数で分けました。この分け方だと，

　　「110，132，462，510，802，954」

　　「253，315，621，781」

　　のグループに分けることができます。

T　偶数かどうかは，どのように判断したのですか？

S1　2でわりきれるかどうかを計算してもよいけれど，

　　一の位の数が偶数であればその数は偶数になります。

T　なるほど。特定の位の数に注目すれば，その数が偶
　　数かどうかがすぐに判断できるのですね。

　10個の数は，次のように素因数分解されるので，生徒の
中からは「3の倍数」や「9の倍数」に注目するアイデア
も出るでしょう。このことは，各位の数の和によって判断
できますが，その理由の説明にあたっては，文字式を利用
しながら丁寧に確認します。

$$110 = 2 \times 5 \times 11 \qquad 132 = 2^2 \times 3 \times 1$$

$$253 = 11 \times 23 \qquad 315 = 3^2 \times 5 \times 7$$

$$462 = 2 \times 3 \times 7 \times 11 \qquad 510 = 2 \times 3 \times 5 \times 17$$

$$621 = 3^3 \times 23 \qquad 781 = 11 \times 71$$

$$802 = 2 \times 401 \qquad 954 = 2 \times 3^2 \times 53$$

続いて，110を素因数分解する中で『11の倍数』に注目する生徒が出てきます。

S1　11の倍数かどうかで分けることもできます。

　　　「110，132，253，462，781」

　　　「315，510，621，802，954」

　　　となります。

T　　先ほどの偶数や3の倍数のように，パッと見て判断できる方法があるのでしょうか？

(2) いくつかの実験を通して判定の方法を見通す

　10個の自然数の中で実際に11の倍数を並べてみると，生徒はすぐに規則性に気づきます。

S1　両端の位の数の和が真ん中の位の数と等しくなっています。

T　　なるほど。その方法は，いつも使える方法なのでしょうか？　11の倍数を自分で他にもつくって調べてみましょう。

S2　私は，11×17で187をつくったけれど，確かに正しそうだよ。

S3 私は，946という11の倍数をつくったけれど，その
　　方法では正しく判断できないよ。

　そこで，3の倍数のときの考え方を参考にして，同じように文字を使って調べてみます。すると，

$$N = 100a + 10b + c = 99a + 11b + (a - b + c)$$
$$= 11(9a + b) + (a - b + c)$$

と変形されることから，両端の位の数の和と真ん中の位の数との差が0か11であればよいことがわかります。
　この事実が明らかになった段階で，最初に示したもの以外に11の倍数を含むいくつかの3桁の自然数を提示して，実際に11の倍数かどうかを判定させてみてもよいでしょう。

(3) 考察の結果を振り返り，新たな課題を見いだす
　3桁の自然数の倍数判定に関するこれまでの考察を振り返って，さらに発展的に考察していくことができるように後押しします。ここでは，11の倍数の判定方法について，桁数を増やしても使える方法なのかを考えてみます。

T　　これまでに明らかとなった判定方法は，4桁以上の
　　自然数でも使えるのでしょうか？
S1　同じように文字を使って説明できるのではないでしょうか？

S2 でも，11の倍数については，そもそも「両端と真ん中」という言い方はできないよね…。

　自分たちの考察を振り返り，それを発展させることによって，さらに理解を深めていきます。ここでは，いきなり文字を使った考察に入るのではなく，自分たちで具体的に4桁の11の倍数をいくつか準備して，それを観察する場面を設定することが重要です。

　具体的な例から，「1つおきに各位の数を加えた和」が解決のカギになっていることが見えてきます。そして，見通しをもったうえで文字を用いた考察に移ります。4桁の数の場合には，

$$N = 1000a + 100b + 10c + d$$
$$= 1001a + 99b + 11c + d - a + b - c$$
$$= 11(91a + 9b + c) + (b + d) - (a + c)$$

となります。つまり，右から奇数番目の位と偶数番目の位に分けて和を考え，その差が0か11になればよいことがわかります。
　この後，4桁での考察を基にして5桁の整数で考えたり，

改めて3桁の場合を振り返ってまとめたりするなど，発展的・統合的な学習への展開が可能です。

6　評価について

(1) 文字を用いて論理的に説明することができる
　（思考・判断・表現）

　予想した規則性がいつも成り立つことを主張するために，文字を用いて論理的に説明する様子をワークシートの記述などから評価します。文字式の計算規則の理解や，主張したい事柄が見えやすいように式の変形を工夫する場面などを丁寧に見取ることが大切です。

(2) 発展的に考察して自らの課題を見いだそうとしている
　（主体的に学習に取り組む態度）

　3桁の11の倍数について考察した後で桁数を増やして考えたときに，生徒はこれまでの事実がそのまま成り立たない状況に直面します。このような場面での生徒の活動の様子を観察することを通して，実験と観察を繰り返しながら予想と解決に向かう主体性について評価します。また，4桁での考察から，改めて3桁の場合を振り返り，「両端と真ん中」というまとめ方を4桁以上の場合と同じように捉える統合的な見方の表出も期待されます。

（井上芳文）

条件に合うケーキの買い方を考えよう

0 単元の指導計画（全17時間）

- 1次関数（1時間）
- 1次関数のグラフ（3時間）
- 1次関数のグラフのかき方・式の求め方（2時間）
- 2元1次方程式のグラフ（3時間）
- 連立方程式の解とグラフ（2時間）
- 1次関数の利用（4時間）※本時はその第4時
- 単元のまとめ（2時間）

1 授業のねらい

この授業では，与えられた条件を満たすようなケーキの買い方を，方程式のグラフを用いて考えます。最初の課題では，合計の個数と金額が与えられたとき，チーズケーキとショートケーキをどのように買えばよいかを考えさせます。ケーキの個数を文字でおき，おつりが出ないように考えて方程式をつくってみると，その解が整数になりません。そこで，「できるだけショートケーキを多く買いたい」「お

つりを少なくしたい」など自分で条件を追加して答えを導く必要がありますが，そのときに，方程式のグラフを用いて考えることで，グラフ上の格子点と方程式の解を対応させて考えることができます。さらに，条件を加えたり変更したりすることで答えがどのように変化するのか，と課題を発展させていきます。

2 探究課題

A さんは4000円もらい，チーズケーキとショートケーキを合わせて10個買ってくるように頼まれました。チーズケーキ，ショートケーキそれぞれ1個の値段は300円，450円です。A さんはそれぞれ何個ずつ買えばよいですか。なお，消費税は考えないものとし，2種類のケーキはどちらも少なくとも1個は買うことにします。

3 授業での「探究」のポイント

(1) 方程式やグラフを利用して解を探す

この課題において，4000円全額を使い切るようにしてチーズケーキを x 個，ショートケーキを y 個買うとすると，次の連立方程式が得られ，

$$\begin{cases} x + y = 10 \\ 300x + 450y = 4000 \end{cases}$$

これを解くと，

$$x = \frac{10}{3},\ y = \frac{20}{3}$$

となり，解が整数となりません。

このことから，4000円全額を使い切るようなケーキの買い方はできないことがわかります。

そこで，「できるだけショートケーキを増やしたい」「おつりが少なくなるようにしたい」などの条件を加えて，座標平面上で方程式 $x + y = 10$ のグラフ上の格子点を考えることで，自分で考えた条件にあてはまる解を探していきます。

(2) 条件を追加したり変更したりして，その条件に合う買い方を考える

最初の課題に関して，

・もらった金額を増やす

・ケーキの個数の合計をできるだけ多くする

・おつりをできるだけ少なくする

などのように，条件を変更したり追加したりして考察を行います。これらの条件の追加や変更は，複数のものを組み合わせて考えることもでき，そのことによって得られる解がどのように変化するのかを観察することで，方程式の解とグラフの関係についての理解を深めることができます。

(3) 自分で条件を考えることで新たな課題をつくり出す

　この課題では「条件に合うように2種類のケーキを買う」ことが目的なので，「2種類のケーキを買う」という条件は固定して，それぞれの値段や持っている金額，合計で何個買いたいか，どちらを多く買いたいか，によって様々な課題をつくり出すことができます。このような活動は，生徒の数学に対する主体的な学びの姿勢を育成するために非常に重要な学習場面となります。

4　教材と授業準備

　今回の課題では，連立方程式を解いて解が整数ではないことを確認したのち，方程式 $x + y = 10$, $300x + 450y = 4000$ のグラフをかきます。

　そして，方程式 $300x + 450y = 4000$ のグラフより下側の点であれば，$300x + 450y$ の値が4000を超えることはないので，もっているお金でケーキを買うには，方程式 $300x + 450y = 4000$ のグラフより下側の部分にある (x, y) の

組を考えればよいことになります。その部分の方程式 $x + y = 10$ のグラフ上の格子点を調べると，

$(x, y) = (4, 6), (5, 5), (6, 4), (7, 3),$
$\qquad (8, 2), (9, 1)$

となります。これらの格子点の中で，例えば，おつりが一番少ない (x, y) の組は，方程式 $300x + 450y = 4000$ のグラフに最も近い $(4, 6)$ になり，チーズケーキを最も多く買いたい場合は，x 座標が最大である $(9, 1)$ になります。このように，グラフを利用することで，自分の設定した条件に合う買い方を考えることができます。

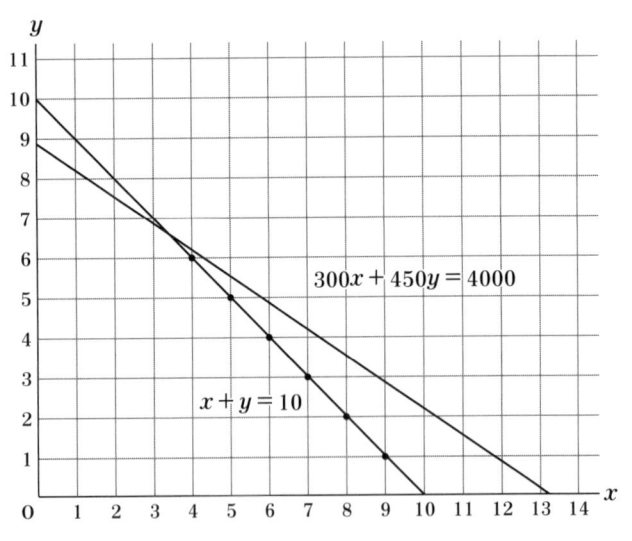

図1　合計10個買う条件を満たすグラフ上の格子点

5　授業展開

(1) 追加された条件を満たす買い方を調べる

　最初の課題で，「ちょうど4000円使って買う方法がない」ことを，チーズケーキを x 個，ショートケーキを y 個とした方程式を用いて確認します。そして，さらに次のように条件を変更・追加して，それぞれの場合に最適な買い方を調べます。

> 条件：合計の個数をできるだけ多く買いたい。

　4000円以内で買うために，方程式 $300x + 450y = 4000$ のグラフの下側の部分にある格子点を調べます。

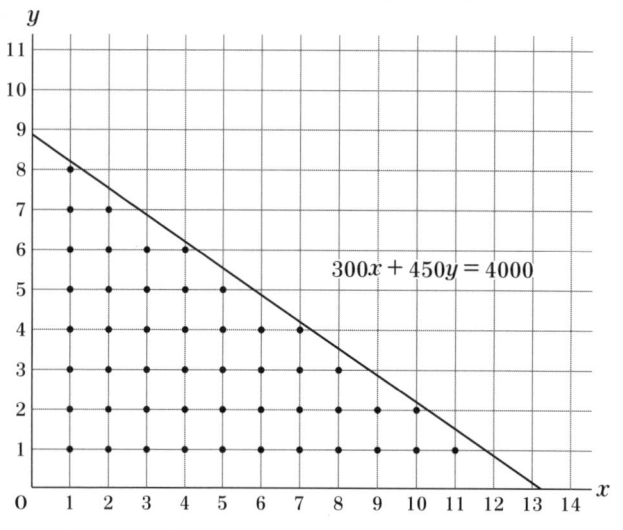

図2　方程式 $300x + 450y = 4000$ のグラフ下側の格子点

グラフを利用すると，（11，1）（10，2）の場合に合計が12個で，最大になることがわかります。

(2) 複数の条件を同時に追加・変更して考察する

元の課題の条件に，1つの変更と1つの追加を同時に行い，それらの条件のもとで最適な買い方を考えてみます。
①それぞれの個数の比を固定する買い方

> 条件[1]：合計の個数をできるだけ多く買う
> 条件[2]：ショートケーキの個数をチーズケーキの2
> 　　　　　倍にする

ショートケーキの個数をチーズケーキの2倍にするので，図2に方程式 $y = 2x$ のグラフを加えて，最適な買い方を調べます。

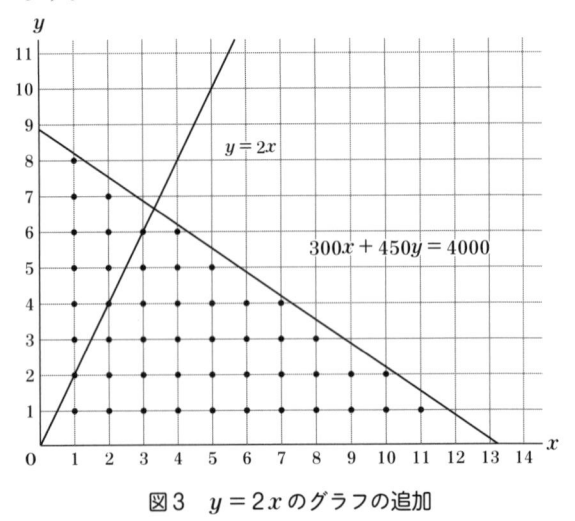

図3　$y = 2x$ のグラフの追加

S1 $y = 2x$のグラフは点（3，6）を通るから，チーズケーキ3個，ショートケーキ6個が答えになるのかな？

S2 でも，できるだけ多く買うなら，まだ残りのお金でチーズケーキが1個買えるから，チーズケーキ4個，ショートケーキ6個が答えだと思う。

S3 条件[2]を満たすなかで，条件[1]を満たす買い方を考えるから，答えはチーズケーキ3個，ショートケーキ6個になると思うな。

　このように，2つ以上の条件を追加したり変更したりした場合でも，方程式のグラフを利用することで課題を解決することができます。

②$x + 2y$の値が最大となるような買い方
　最初の課題において，「評価ポイント」として計算した$x + 2y$の値が最大となるような買い方について考えてみます。

> 条件[1]：$x + 2y$を計算した「評価ポイント」を大きくする
> 条件[2]：合計の個数は何個でもよい

　この条件は，「ショートケーキの方が好き」というようなときに，ショートケーキの方にチーズケーキの2倍の価

値を設定し，その価値の和を最大にするというものです。

S1　y の値が大きい方がいいんじゃないかな。

S2　でも，やはり $x + 2y$ の値をすべて計算して，確認しないとわからないと思うよ。

S1　合計個数が多い方が，「評価ポイント」は大きくなるんじゃないかな。

S2　本当にそうかな？　じゃあ，合計個数で分けて，それぞれの格子点で $x + 2y$ の値を求めてみるね。

　どちらのケーキも少なくとも1個は買うことに注意しながら，合計個数ごとに $x + 2y$ の値を求めると，次のようになります。

…

合計個数9個

　$(x, y) = (1, 8)$ のとき，$x + 2y = 17$

　$(x, y) = (2, 7)$ のとき，$x + 2y = 16$

　$(x, y) = (3, 6)$ のとき，$x + 2y = 15$

合計個数10個

　$(x, y) = (4, 6)$ のとき，$x + 2y = 16$

　$(x, y) = (5, 5)$ のとき，$x + 2y = 15$

　$(x, y) = (6, 4)$ のとき，$x + 2y = 14$

　$(x, y) = (7, 3)$ のとき，$x + 2y = 13$

…

ここまでの観察から，合計個数が同じでも，ショートケーキの個数が多い方が $x + 2y$ の値が大きくなることがわかってきます。

S1　合計個数が同じ場合，ショートケーキが最も多くなる買い方をすれば $x + 2y$ の値も大きくなるね。

S2　つまり，それぞれの合計個数で，y が最も大きい場合を調べてみればいいことになるね。

　この考察の結果を基にして計算を進めると，次のようになります。

　…

　合計個数9個

　　$(x, y) = (1, 8)$ のとき，$x + 2y = 17$

　合計個数10個

　　$(x, y) = (4, 6)$ のとき，$x + 2y = 16$

　合計個数11個

　　$(x, y) = (7, 4)$ のとき，$x + 2y = 15$

　合計個数12個

　　$(x, y) = (10, 2)$ のとき，$x + 2y = 14$

　…

S1　$x + 2y$ の値で比べると，チーズケーキ1個，ショートケーキ8個買ったときが一番大きくなるね。

S2　合計個数が9個のときは，$x+2y$ の最も大きな値は17なのに，それより合計が多くなった合計10個のときは，$x+2y$ の最も大きな値は合計9個のときより小さくなるんだね。

　このように，実際に値を計算することで，チーズケーキ1個とショートケーキ8個を買うときに，$x+2y$ の値が最大となることがわかります。

　そして，さらに数値を変更して課題を考える場合に，「この部分を変えたら，結果はどうなるだろう」という見通しをもつことがその後の考察の深まりにつながります。また，数値の変更によって「これまで利用したグラフのどの部分が変わるのか」ということを考えさせることによって，グラフのかき方や読み取りなどの理解を深めていくことも期待されます。

6　評価について

(1) 適切に条件を追加することで，解が定まる課題を作成することができる（思考・判断・表現）

　最初の課題では，「4000円以内」ということであれば，ケーキの買い方は複数あります。しかし，この課題に対してむやみに条件を追加したり変更したりするだけでは，課題に対する答えは定まりません。自分が設定した条件によって複数存在した解がどのように制限されていくのかを見

通しながら考察を進める様子を，生徒個人での考察やグループでの議論の内容から評価します。また，答えが2通り以上になる課題も，生徒が意欲的に条件変更によって見いだしたものとして評価することが大切です。

(2) 条件を数式やグラフで表し，1次関数の学習内容を利用しながら考察しようとしている
（主体的に学習に取り組む態度）

　課題に含まれる条件を数式やグラフで表し，1次関数の考え方やグラフの性質を利用しながら考察し，解を求めている場面を丁寧に評価します。そして新たに条件を変更・追加する場面では，

- ・それぞれのケーキの金額を変えると買い方はどのようになるか
- ・2つのケーキの個数の割合を変えると買い方はどのようになるか
- ・求めた買い方と方程式のグラフとの関係はどのようになっているか

などへの言及も，生徒が主体的に課題を見いだそうとしている姿勢として積極的に評価します。

（喜田英昭）

2年／三角形・四角形
四角形の合同条件を
考えてみよう

0　単元の指導計画（全22時間）

- 三角形（10時間）
- 四角形（10時間）※本時はその第９時
- 単元のまとめ（２時間）

1　授業のねらい

　この授業では，凸四角形について四角形が１つに決まる条件を調べて，四角形の合同条件を考察します。最初に，いくつかある合同条件のうちの１つを扱いますが，まとめの場面では，新たな課題につながるような振り返りを行います。

　授業後には，四角形の合同条件が，授業で扱ったもの以外にもないかについて考察するレポート課題に取り組みます。

2 探究課題

> へこみのない四角形の合同条件を考えよう。
>
>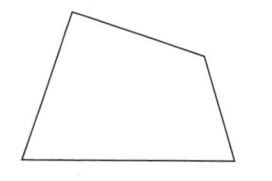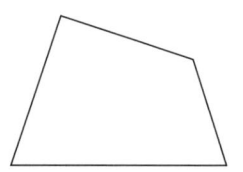

3 授業での「探究」のポイント

(1) 操作的な活動を通して四角形の合同条件を見いだす

　定規やコンパス，分度器を使って図をかいたり，模型やコンピュータを利用して観察したりして，四角形の合同条件（四角形が1つに決まる条件）そのものか，もしくはそれにつながる事柄を見いだします。

(2) 見いだした事柄を見直す

　見いだした事柄について，過不足がないか検討したり，数学的に的確な表現であるか確認したりします。修正が必要な部分があれば，改めてよりよい表現にまとめます。

(3) 四角形の合同条件であることを確認する

　(2) の場面では，合同の定義や図形の性質を根拠にして

議論をすることが考えられます。そこで出される考えを演繹的な推論の手がかりにして，見いだした事柄が四角形の合同条件であることを確認します。

4 教材と授業準備

この授業では，凸四角形を考えます。

四角形 ABCD と四角形 A′B′C′D′ は，次の①〜④のどれか1つが成り立てば合同です。

① AB＝A′B′, BC＝B′C′, CD＝C′D′, DA＝D′A′, ∠B＝∠B′

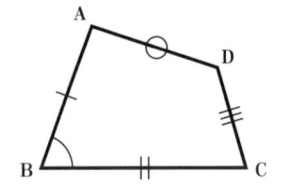 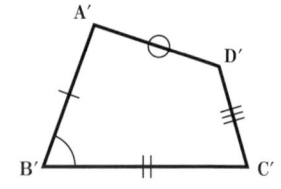

図1　4つの辺と1つの角を要素とする合同条件

② AB＝A′B′, BC＝B′C′, CD＝C′D′, ∠B＝∠B′, ∠C＝∠C′

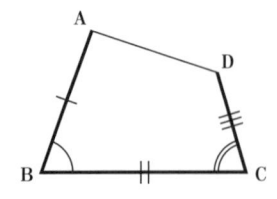 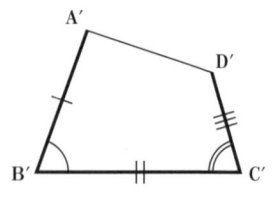

図2　3つの辺と2つの角を要素とする合同条件

③ AB＝A′B′, BC＝B′C′, ∠A＝∠A′, ∠B＝∠B′, ∠C＝∠C′

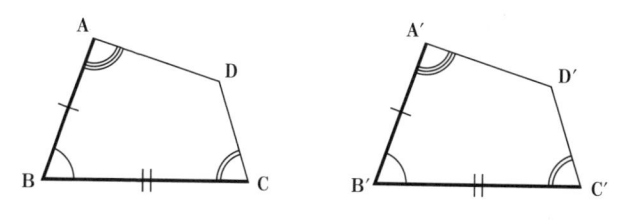

図3　2つの辺と3つの角を要素とする合同条件

④ AB＝A′B′, BC＝B′C′, CD＝C′D′, DA＝D′A′, AC＝A′C′

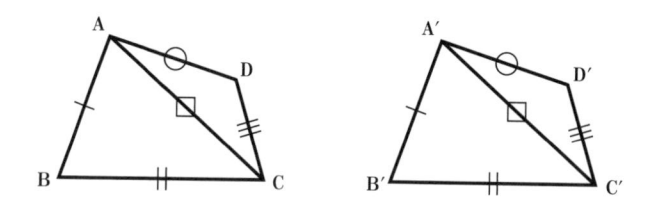

図4　4つの辺と1つの対角線を要素とする合同条件

　四角形の合同条件①〜④は，いずれも三角形の合同条件
と頂点の対応から導くことができます。①については，
AC と A′C′ を引き△ ABC ≡△ A′B′C′ を示し，AC ＝ A′C′
とあわせて，△ ACD ≡△ A′C′D′ を示して導きます。

　また，①〜④は，辺と角の対応が変わらない範囲で置き
換えることができます。例えば①では∠ B ＝∠ B′ を∠ C
＝∠ C′ に，④では AC ＝ A′C′ を BD ＝ B′D′ に換えること
ができます。このため，①を「4組の辺と1つの角がそれ
ぞれ等しい」と表すことができそうですが，次のような反

例がありますから注意が必要です。

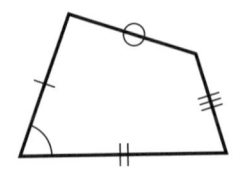 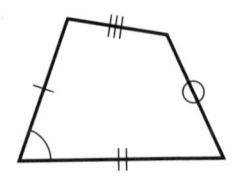

図5 「4組の辺と1つの角がそれぞれ等しい」の反例

　三角形の合同条件は，6つの要素（3つの辺と3つの角）のうち適当な3つで表されますが，四角形の合同条件①〜④は，適当な5つの要素で表されます。④のみ対角線を要素の1つにしています。

　4組の辺がそれぞれ等しいことだけでは四角形の合同条件になりません。図6のように，4辺の長さ（AB = 3，BC = 4，CD = 2，DA = 2.5）を決めても，∠Bが様々な大きさになり，四角形が1つに決まらないためです。

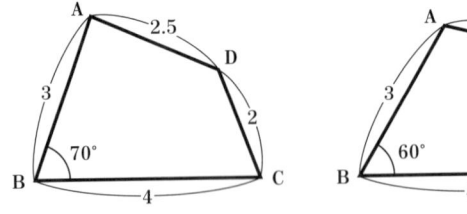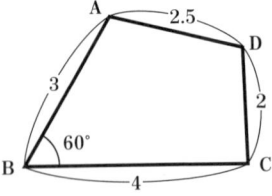

図6　4辺の長さは等しいが角が異なる2つの四角形

　課題が提示されると，生徒の多くはまず4組の辺が等しい場合を検討すると考えます。このとき，定規，コンパス，

分度器を使って図をかくことに加えて，四角形の模型（図7）やコンピュータの図形ソフト（図8）も使用できるようにします。図7の模型は，厚紙とプラスチックの留め具でできており，各頂点は関節のように動きます。図8はGeoGebra[1] で作ったもので，点Aが動きます。

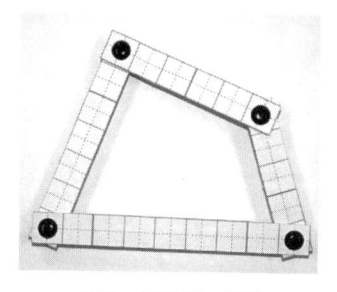

図7　四角形の模型

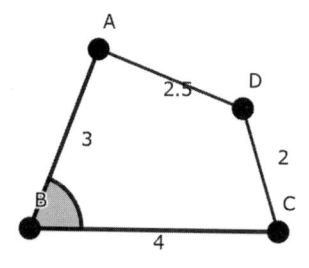

図8　図形ソフトの四角形

　どの辺の長さや角の大きさが決まると四角形が1つに決まるか（模型やコンピュータの場合は動かなくなるか）調べることで，四角形の合同条件そのものか，またはそれにつながる事柄が見いだされます。

5　授業展開

(1) 四角形の合同条件を見いだす

　課題が提示されると，生徒はまず「4組の辺がそれぞれ等しい」が合同条件ではないか検討を始めます。生徒は三角形の合同条件を思い出しながら，定規，コンパス，分度器を使って図をかいて考察します。

S1　4組の辺だけでは，合同とは言えなさそうです。

S2　4つの辺の長さが決まっても，角の大きさが変わるから，四角形が1つに決まらないです。

　模型や図形ソフトも使えるようにします。

S3　やはり，角の大きさがいろいろ変わります。

S4　それなら，角の大きさを固定してみよう。

S5　1つの角の大きさを固定すると，四角形が動かなくなったよ。

T　ここまでの観察の結果を振り返って，四角形の合同条件を予想してみましょう。

　四角形の合同条件として「4組の辺と1つの角がそれぞれ等しい」があがります。これに関して，図をかいて確認するようにします。

S6　「4組の辺と1つの角がそれぞれ等しい」だと，このような図がかけます。

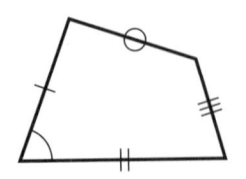 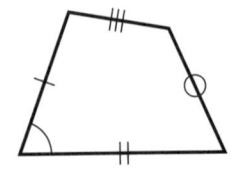

図5　（再掲）

S7　確かに。対応する頂点を決めれば，こういうことは
　　起こらないかな。

　対応する頂点を考慮して「四角形 ABCD と四角形 A'B'
C'D' において，AB = A'B'，BC = B'C'，CD = C'D'，DA
= D'A'，∠B = ∠B' が成り立てば，四角形 ABCD ≡ 四
角形 A'B'C'D'」とまとめます。

(2) 演繹的な推論によって，四角形の合同条件であること
　を確認する

　(1) でまとめた事柄が観察によって得られたものである
ことを指摘し，これをこれまで学習してきた図形の性質に
基づく演繹的な推論で説明するようにします。

S8　何を根拠にして説明すればよいかわかりません。
T　　今回は四角形ですね。例えば，四角形などの多角形
　　の内角の和はどうやって求めましたか？
S9　三角形に分けて求めました。
S10　対角線 AC と A'C' を引いて三角形に分けてから，
　　三角形の合同条件を使うといいのかな。

　ここまでの見通しがあれば，自分自身や周囲との協力で
解決されると考えられます。その後，全体で推論の過程を
確認し，四角形の合同条件であることを結論づけます。

(3) 振り返りを行い，新たな課題を検討する

まとめで，得られた結果が「四角形 ABCD と四角形 A′B′C′D′において，AB ＝ A′B′，BC ＝ B′C′，CD ＝ C′D′，DA ＝ D′A′，∠ B ＝ ∠ B′が成り立てば，四角形 ABCD ≡ 四角形 A′B′C′D′」であることを確認します。

また，授業の感想や「考えてみたくなったこと，疑問に思ったこと」などを記述し，個人の振り返りを行います。その後，小グループや全体でそれらを共有するようにします。この場面で，見つけたもの以外に四角形の合同条件はないか，特殊な四角形の合同条件はないか，といった疑問が出てくることが考えられます。

6 評価について

(1) 四角形の合同条件を考えて，図形の性質から導くことができる（思考・判断・表現）

個人の活動の様子，グループでの発言や全体での発表，ワークシートに書かれた内容を確認して，四角形の合同条件を考えようとしたかを判断します。また，同様の確認を行って，三角形の合同条件を基に，四角形の合同条件を導くことができたか評価します。

(2) 新たな課題につながる考えをもとうとしている（主体的に学習に取り組む態度）

授業の感想や「考えてみたくなったこと，疑問に思った

こと」などの記述において，「辺と角の数を変えた場合に，四角形の合同条件にならないか」「直角三角形の合同条件を学習したように，長方形などの合同条件はないか」「五角形などの多角形の合同条件はないか」など，新たな課題につながる考えがあれば大いに評価します。

(3) 四角形の合同条件を他にも考察しようとしている （主体的に学習に取り組む態度）

授業後に「四角形の合同条件を，他にも見つけよう」というレポート課題に取り組みます。提出されたレポートを分析して評価します。図をかくなどして合同条件を考えようとしていたり，三角形の合同条件を基にして演繹的な推論による説明を試みたりしていれば，部分的な解決にとどまったレポートであっても肯定的に評価します。

レポートを返却した後，グループで一人ひとりの考えを共有し，全体で議論する時間を取ります。できるだけ多く，四角形の合同条件が表れるように議論を促します。

(森脇政泰)

使用アプリケーション
[1]「GeoGebra」(https://www.geogebra.org)

新しいゲームのルールを考えてみよう

0 単元の指導計画（全10時間）

- ・確率の求め方（3時間）
- ・いろいろな確率（5時間）※本時はその第5時
- ・単元のまとめ（2時間）

1 授業のねらい

この授業では，事柄の起こりやすさについて確率を用いて考えます。あるルールが設定されたゲームについて，まずは実際にそのゲームを全員で行ってみます。その結果を整理することを通して，このゲームが双方にとって公平なものかを考えさせます。実験の結果から「偏りがあるのではないか」と考える生徒もいますが，確率を求めることによってその予想を確認してみます。続いて，このゲームが先生にとって少しだけ有利になるようにルールを変更する作業に取り組みます。この場面では，使えるもの（くじやサイコロ）を増やして，自分たちで新しいゲームのルールを考えてみます。これらの活動を通して，生徒が確率の意

120

味や求め方について深く理解するとともに，数学的な見方・考え方を働かせて主体的に考察していく態度の育成につながることが期待されます。

2　探究課題

先生と皆さんでゲームをします。

箱の中に ②，③，⑤ と書かれたくじが1本ずつ入っていて，サイコロが1個あります。

皆さんは，箱の中からくじを1本引いて，続けてサイコロを1回振ります。

このゲームにおいては，

・2か3のくじを引いた場合は，

　　　（くじの番号）×（サイコロの目）

・5のくじを引いた場合は，

　　　（くじの番号）＋（サイコロの目）

があなたの得点です。

あなたの得点が9点以上なら皆さんの勝ちで，9点未満なら先生の勝ちとします。

このゲームは，生徒（あるいは先生）にとって有利と言えるでしょうか。

3 授業での「探究」のポイント

(1) 実際にゲームを繰り返し行って「起こりやすさ」を実感する

　今回の授業では，最初にルールだけを説明して先生と生徒40人で実際にゲームを行ってみます。すると，たいていの場合，生徒が勝った回数と先生が勝った回数には多少の偏りが出てきます。その結果を見て，「このゲームは生徒（あるいは先生）の方が有利なのか」という問いを共有します。大切なのは，実際の経験から問いを発生させることなので，この活動の時間をしっかり確保します。そして，事柄の起こりやすさを調べるために確率を考えてみますが，そのために先生が勝つ場合や生徒が勝つ場合を丁寧に数え上げることが重要になります。起こり得る全部の場合が同様に確からしいことを確認しながら，樹形図や表を用いて工夫しながら数えていきます。そして，確率が等しくなることから，このゲームが両者にとって公平なものであることを結論づけます。

(2) 新しいゲームのルールを考えてみる

　先ほどの考察を発展させて，「先生の方が少しだけ有利になるようなゲーム」のルールを自分で考えてみます。
　ゲームに引き分けがない場合，「先生が勝つ」という事柄を「A」とすると「生徒が勝つ」という事柄は「Aではない」ということになるので，それぞれの確率の和は1に

なりますが，先生が勝つ確率が少しだけ大きくなるような
ルールを自分で工夫してみます。サイコロやカードなどの
使えるものを増やしているので少し数え上げが複雑になり
ますが，樹形図や表をうまく使いながら，丁寧に数えてい
くことを促します。

4　教材と授業準備

　今回の探究課題では，事柄の起こりやすさを比べるため
に確率を計算することになります。少しルールが複雑にな
るので，樹形図や表などをうまく利用しながら，起こり得
る事柄を「もれなく」「重複なく」数えることが重要です。
基本的には一つひとつを数え上げることになりますが，数
え方を工夫する中で，高等学校の数学で学ぶ次の考え方が
自然と出てくることも想定されます。

〈和の法則〉
　同時には起こらない2つの事柄 A , B がある。
　A の起こり方が a 通り，B の起こり方が b 通りある
とき，A または B が起こる場合は $a + b$ 通りである。

〈積の法則〉

　事柄 A の起こり方が a 通りあり，その各々に対して事柄 B の起こり方が b 通りあるとき，A と B がともに起こる場合は $a \times b$ 通りである。

　例えば，コイン 1 枚とサイコロ 1 個を同時に投げるとき，樹形図をかいて 1 つずつ数えてもよいですし，その樹形図の構造を見て 6 × 2（もしくは 2 × 6）と計算する生徒も出てきます。これは，コインの出方が表と裏の 2 通りで，そのどちらの場合に対してもサイコロの目の出方が 6 通りずつあることから，積の法則の考え方を利用して 2 × 6 と

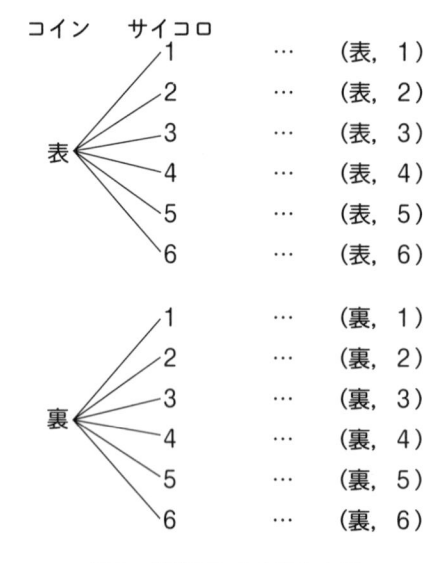

図 1　樹形図による数え上げ

計算されます。そして，確率を考える場合には，それらのどの場合が起こることも同様に確からしいことを確認しておくことも大切です。

　授業を行うにあたっては，番号のついたくじとサイコロを準備しておきます。くじは，ストローに番号を書いて色のついたビンに入れてつくってもよいですし，ピンポン玉に番号を書いて封筒などの袋から取り出すタイプのものでもよいでしょう。

5　授業展開

(1) 実際にゲームをして勝敗の結果を整理してみる

　ルールの確認をしっかりと行ったうえで，実際にゲームを行ってみます。4人グループで班をつくり，まずは班の代表者が実際にくじを引いてサイコロを振ります。そしてルールを班のみんなで確認しながら勝敗を記録します。交代しながら各班で10回のゲームを実施して，その勝敗の状況を整理してみます。

図2　サイコロによる実験

T　実際にゲームを行ってみましょう。

S1　くじが「3」でサイコロが「4」だったので私の勝ちだ！

S2　くじで「3」が出ると，勝つ可能性が大きそうだね。

S3　ルール上，引き分けになることはないね。

T　では，皆さんの勝敗の結果を教えてください。

　10の班でそれぞれ10回ずつのゲームを行ったので，全部で100回分の結果が出そろいます。

表1　ゲームでの生徒の勝った回数の集計

班	1	2	3	4	5	6	7	8	9	10	合計
回数	10	10	10	10	10	10	10	10	10	10	100
勝ち数	4	4	6	8	7	4	6	5	4	5	53

　結果は表1の通りとなり，100回のうち生徒の勝ちが53回で先生の勝ちが47回でした。この結果を提示して，このゲームが生徒に有利なものであるかを考えさせます（もし，生徒の勝ちがちょうど50回だったり，先生よりも少なかったりした場合，それぞれ「公平か？」「先生にとって有利か？」という問いかけがよいでしょう）。

T　このゲームは，生徒に有利なルールになっているのでしょうか。

S1　実際に生徒の勝ちの方が多かったね。

S2 100回やっただけでは判断できないと思うよ。

S3 それぞれが勝つ確率を求めてみればいいんじゃないかな。

　生徒の中には「多分生徒の方が有利なんじゃないか？」「およそ半々くらいなのではないかな？」などの様々な予想が出てきますが，起こりやすさを調べるために確率を求めてみることにします。

(2) 確率を求めてどちらに有利なのかを判断する

　全体で確認した方針に沿って，それぞれの勝つ確率を求めてみます。少し複雑な設定ですが，樹形図などを利用して起こりうる場合を丁寧に数え上げます。

T　生徒が勝つ確率はどのようになりましたか？

S1 起こるすべての場合を数えたら18通りだったよ。

S2 生徒が勝つのは，生徒の得点が9点以上の場合で，この18通りのうちの9通りだから，求める確率は $\frac{9}{18}$，つまり $\frac{1}{2}$ だね。

S3 そうすると先生が勝つ確率も $\frac{1}{2}$ ということだね。

S4 つまり公平ということか。

　この計算の結果から，ゲームが先生にとっても生徒にとっても公平なルールであったことを確認します。

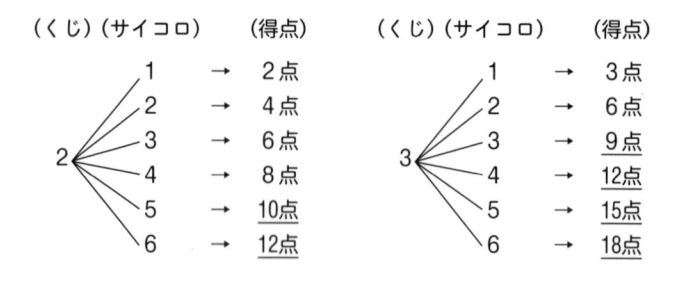

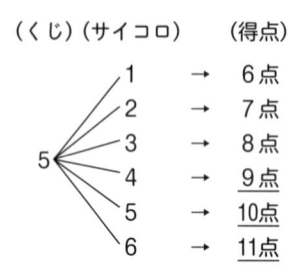

図3　起こりうる場合を示した樹形図

(3) 新たなルールのゲームを考えてみる

　先ほどのルールが双方にとって公平なものであったことを踏まえ，ルールを変更して「少しだけ先生が有利なルール」のゲームを考えてみます。得点の基準を少し変えることも考えられますが，くじに書いてある数字やくじの本数を変えたり，サイコロの個数を増やしてみたりすることによって，「一見するとどちらが有利かわからないが，実は先生の方が少しだけ有利」になるようなルールを自分たちで考えさせます。

　生徒からは，次のような例が新しいルールのゲームとして考案されます。

〈例1〉

　袋の中に③，④，⑤のくじが1つずつ入っている。生徒は，サイコロを1回振り，続いて袋の中からくじを1つ選ぶ。

　・サイコロの目が奇数であれば

　　（サイコロの目の数）＋（くじの番号）

　・サイコロの目が偶数であれば

　　（サイコロの目の数）×（くじの番号）

が生徒の得点となる。その得点が10点以上であれば生徒の勝ちとし，10点未満なら先生の勝ちとする。

〈例2〉

　袋の中に②，③，④の玉が1つずつ入っている。生徒は，袋の中から玉を1つ選び，続いて A ，B の2個のサイコロを同時に振る。

X：玉の番号

Y：サイコロ A の目の数からサイコロ B の目の数を
　　引いた差の絶対値

としたとき，$X \times Y$ を生徒の得点とする。その得点が6点以上の場合に生徒の勝ちとし，6点未満なら先生の勝ちとする。

いくつかの例を取り上げて，みんなで確率を計算し，確かに先生の側にとって有利なルールになっていることを確認してみるのもよいでしょう。

6　評価について

(1) 事柄の「起こりやすさ」を確率を用いて判断することができる（知識・技能）

これから起こる事柄について確率を計算し，その結果をもとに「どちらの事柄が起こりやすいのか」を判断します。発問に対する反応や確率を計算する様子を観察しながら，正しい計算のもとに合理的な判断ができていることを評価します。

(2) 表現を工夫して場合の数を求めることができる（知識・技能）

確率を求めるにあたっては，場合の数を正しく数え上げることが重要となります。ワークシートを分析することによって，「もれなく」「重複なく」数え上げるための生徒の工夫を評価します。樹形図や表，そのほかの表現を適切に用いながら，正しく効率的に求めることができている点を評価します。

（3）既習の知識を用いて見通しを持ちながら新しいルール
を考えることができる（思考・判断・表現）

　ワークシートに「新しいルールを作成するうえで気をつけたこと・工夫したこと」を書く欄を設けておくことで，生徒がどのような思考の流れでルールづくりを行ったのかを見ることができます。例えば，条件を仮に設定してからとりあえず確率を計算し，そこから設定の数値や勝ち負けの基準を少しずつ調整しながら，先生の勝つ確率が少しだけ $\frac{1}{2}$ を超えるように変更することでルールづくりを行う生徒がいます。このような生徒の記述からは，生徒が勝つ確率と先生の勝つ確率の和が1であることを理解したうえで，見通しをもちながら考察を進めていることがわかります。

　このように，これまでの学習内容を課題とうまく結びつけながら考察する様子を積極的に評価することが大切です。

（井上芳文）

3年／2次方程式

「答えが存在するような問題」を作成しよう

0　単元の指導計画（全12時間）

- ・2次方程式とその解（1時間）
- ・因数分解を使った解き方（2時間）
- ・平方根の考えを使った解き方（2時間）
- ・2次方程式の解の公式（1時間）
- ・2次方程式の利用（4時間）※本時はその第2時
- ・単元のまとめ（2時間）

1　授業のねらい

　この授業では，平方数の性質を題材として，2次方程式の考え方を利用して「答えが存在するような問題」を作成する活動に取り組みます。最初に，具体的に平方数を書き並べてみて，問題の状況を適切に把握し，何を求めることが要求されているのかを理解します。問題の解決にあたっては，適当に数を考えて偶然答えを見つけることもできますが，「いつも答えが存在するのか」「それ以外に答えはないのか」などの疑問から，文字を用いた議論の必要性に気

づかせます。また，でき上がった問題を振り返る場面において，問題の発展性や背景にある数学的な規則に関しても考察を行います。

2 探究課題

次のように自然数が並んでいます。

　1，2，3，4，5，6，7，8，9，10 …

次の□□□に適当な数を入れて，きちんと答えがあるような問題をつくってください。

問題　□□□ずつ大きくなる自然数を3つ選んで，

(小さい数)^2 +(中央の数)^2 =(大きい数)^2

となるようなものを答えなさい。

3 授業での「探究」のポイント

(1)「存在するのか」「それ以外にないのか」という疑問

　この課題で生徒は，問題に解が存在するように定数の値を決定することが求められます。具体的に書き上げた平方数の列から簡単に条件を満たすものが見つかるかもしれま

せんが，数学的にはその解が唯一なのかということが問題
となります。「本当にそれだけ？」という発問によって生
徒の思考を揺さぶることで，解の存在を論理的に議論する
必要性に気づかせることが大切です。

(2) 文字を利用した論理的な考察

文字を用いた論理性・一般性を伴う考察によって課題の
解決を試みます。方程式によって得られた値が，もとの課
題に対して数学的にどういう意味をもつのかを考えること
も，単なる問題解決以上の理解の深まりをもたらすものと
して効果的な学習場面となります。

(3) 条件に適したものが存在しないことの議論

問題の条件を少し変更すると，つくった問題に「答えが
存在しない」ことがあります。その「存在しないこと」を
どのように主張すればよいかを議論します。もとの問題に
おいて方程式を利用して問題を解決した経験を生かしなが
ら，互いのアイデアを共有し議論を深めていきます。

4 教材と授業準備

この課題は，平方数に関するものです。三平方の定理の
学習を終えていれば，直角三角形の3つの辺の長さとして
イメージすることもできるかもしれませんが，今回は純粋
に数の性質として探究していくことにします。

例えば「1ずつ大きくなる3つの自然数」について課題を考える場合，実際に平方数を書き出してみれば，答えとして（3，4，5）をすぐに見つける生徒も少なくありません。そのときに強調したいのが「他にはないのか？」ということです。

$$\overset{+1}{a \longrightarrow} \overset{+1}{b \longrightarrow} c$$

　3つの自然数を x, $x+1$, $x+2$ とおいて方程式

$$x^2 + (x+1)^2 = (x+2)^2$$

を解くと自然数の解 $x=3$ が得られ，条件を満たす数の組が（3，4，5）だけであることがわかります。そして，最も小さい数から k（$\geqq 1$）ずつ大きくした3つの数 x, $x+k$, $x+2k$ について考えてみると，

$$x^2 + (x+k)^2 = (x+2k)^2$$

を解くことで，やはり自然数の解 $x=3k$ が得られ，条件を満たす数の組が1つだけ存在することがわかります。このことは，3つの自然数 a, b, c が，

$$a^2 + b^2 = c^2 \quad \cdots (*)$$

を満たすときに，実数 k に対して，

$$(ka)^2 + (kb)^2 = (kc)^2$$

が成り立つことに起因しています。

　次に，条件を少し変更して，「自然数 a と，a から p だけ大きな数 b，そしてさらに1大きい数 c」で（*）が成り立つようなものを考えてみます（この3つの数を，『[$+p$，＋1] 増える3つの数』と言うことにします）。

$$\overset{+p}{a \longrightarrow} \overset{+1}{b \longrightarrow} c$$

　この場合，3つの自然数を，

　$a = x,\ b = x + p,\ c = x + p + 1$

として考えてみると，（＊）から，

　$x^2 - 2x - (2p + 1) = 0$　…（＊＊）

が得られます。

　$2p + 1$が奇数であることに注目すると，和が-2で積が負の奇数であるような2数を探せばよいことがわかります。例えば，3と-5がそれにあたり，このとき（＊＊）は$(x + 3)(x - 5) = 0$となるので，$p = 7$が得られます。よって，

　$a = x,\ b = x + 7,\ c = x + 8$

で，（＊）を満たす自然数が存在することになります（実際には，5，12，13という自然数の組が見つかります）。

　また，平方数の列については様々な性質が知られています。例えば，「和」ではなく「差」に注目するだけでも，奇数との興味深い関係が出てきます。このように，もとの問題を解決した後に，平方数の不思議な性質をいくつか紹介してみてもよいかもしれません。

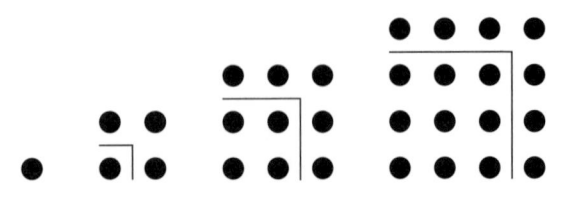

図1　平方数と奇数の関係

5 授業展開

(1) 平方数の列から条件に合うものを見つける

　答えの存在する問題にすることを目標として，とりあえず自然数を平方した数（平方数）を順に列挙していきます。そして，生徒に自由に□□□の値を言わせて答えを探します。ひょっとしたら，□□□に「1」を入れてすぐに答えを見つけてしまうかもしれません。

T　　では，□□□に「1」を入れて問題を考えてみましょう。答えはありそうですか？

S1　書き並べてみてすぐに答えを見つけてしまいました。（3，4，5）が答えです。

T　　なるほど。確かに，$3^2=9$，$4^2=16$，$5^2=25$ですから，$3^2+4^2=5^2$となっていますね。

S1　この問題は，ちょっと簡単過ぎましたね。

T　　でも，答えはこの組み合わせだけなのですか？

S2　うーん。数を大きくしていくと，左辺と右辺の差がどんどん大きくなりそうだからなぁ…。

　書き出した平方数の列を少し書き足してみますが，感覚的には条件を満たす数の組は他にはないような気がします。「これ以外には本当に存在しないの？」と問いかけることによって，文字を用いた方程式による解決の必要性を感じさせます。

(2) すべての解が求められているのかを検討する

数学の問題では、「解を求めること」と同時に、「それ以外に解がないこと」も示さなくてはいけません。そこで、3つの数を文字において方程式をつくり、それを解くことによって条件に合う数をすべて求めます。

S1　1ずつ大きくなっている数は、一番小さい数を x として x, $x+1$, $x+2$ とすればよさそうだね。

T　では、数の関係を方程式に表して解いてみましょう。

S2　方程式は $x^2 - 2x - 3 = 0$ となって、これを解くと $x = -1$, 3 だけど、3つの数は自然数だから $x = 3$ の場合だけが答えだね。

S3　つまり、この問題では3つの数は（3, 4, 5）だけが答えだと言えるね。

　条件に合う方程式の解が1つだけ存在することで、問題に対する答えが1通りであることを全体で確認します。教室内で[＿＿＿]に「1」以外の数を入れてなかなか答えが見つからない場合は、「解は何なのか」「解は存在するのか」を知るために方程式を利用する流れで議論をスタートさせるとよいでしょう。

(3) 解がない問題について考察する

　次に、元の問題を少し変形して、［＋2，＋1］増える3つの自然数で考えてみます。つまり、3つの自然数が、

$a = x,\ b = x + 2,\ c = x + 3$

となっているような問題です。

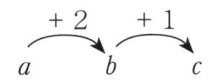

S1　今度は，同じ数ずつ増えるわけではないんだね。

S2　2乗した数をたくさん並べてみたけれど，さっきみたいに簡単には見つからないね。

T　では，このような3つの数はないということなのでしょうか。

S1　でも，もしかしたらまだ書き出していない数の中に条件に合うものがあるかもしれないよ。

　最初の問題を方程式を利用して解決した経験を生かして，今回も3つの数を $x,\ x + 2,\ x + 3$ として方程式をつくりそれを解いてみます。すると，2次方程式の解として $x = 1 \pm \sqrt{6}$ が得られます。

S1　自然数を探しているのに $\sqrt{}$ が出てきたね。

T　やはり，この問題には答えがないのでしょうか。

S2　指定された関係を満たすものが $x = 1 \pm \sqrt{6}$ しかなくて，その中に条件に合うものがないので，この問題には「答えがない」ということになります。

　与えられた関係を等式に表して方程式をつくり，それを

解いた結果として条件を満たす数が得られなかったことから，［＋2，＋1］と増える3つの自然数で $a^2 + b^2 = c^2$ となるものは存在しないことを結論づけます。

(3) 問題をつくる活動を振り返り，気づきを明確にする

　授業の最後に，自分の考察過程の振り返りとして，「気づいたこと」「不思議に思ったこと」を書かせます。例えば，最初の問題では，教室全体では□□□に「1」を入れて問題を考えましたが，中には別の数を入れて問題をつくり，答えを求めた生徒がいるかもしれません。そうしたときに「□□□をどのような数にしても答えは存在するのか」などの疑問が生じます。また，その後の発展問題では，「［＋3，＋1］，［＋4，＋1］としてもやはり答えは存在しない」などの気づきが得られることも考えられます。振り返りを通して付随する疑問に気づき，問題の構造に対する深い理解を促すと同時に，文字を用いた考察の有用性についても実感させることができます。状況に応じて，生徒の気づきや疑問を全体で取り上げて考察する場面も，学習内容の理解の深まりにとって大変効果的です。

6　評価について

(1) 文字を用いることの必要性に気づくことができる
　　（思考・判断・表現）

　つくった問題に答えが存在することや，見つけたもの以

外に答えがないことを示すにあたって，方程式を用いた議論の必要性についての理解を評価します。「どうやって見つけたのですか？」「他には答えはないのですか？」という問いに対する生徒の反応や活動の様子を観察することを通して，文字を用いて考察することの必要性や有用性の理解に関する評価を行います。

(2) 文字を用いた考察から解の存在に言及することができる（思考・判断・表現）

条件に合う数が存在しないことを示す場合においても，文字を用いた考察の有用性が理解されていることを確認します。さらには，「今回の問題の答えではないけれど，$1 + \sqrt{6}$，$3 + \sqrt{6}$，$4 + \sqrt{6}$ が，[+ 2，+ 1] と増える3つの数で，$a^2 + b^2 = c^2$ を満たしている」という認識もとても価値があるものです。数の範囲を拡張して解を考える姿勢につながるものであり，積極的に評価することが大切です。

$$
\overset{+\,2}{\underset{a}{1 + \sqrt{6}}} \quad \overset{+\,1}{\underset{b}{3 + \sqrt{6}}} \quad \underset{c}{4 + \sqrt{6}}
$$

$$
\boxed{a^2 + b^2 = c^2}
$$

（井上芳文）

$y = x^2$ のグラフ上の2点に 共通する性質を調べよう

0　単元の指導計画（全18時間）

・関数 $y = ax^2$（2時間）

・関数 $y = ax^2$ のグラフ（3時間）

・関数 $y = ax^2$ の値の増減と変域（3時間）

・関数 $y = ax^2$ の変化の割合（2時間）

・関数 $y = ax^2$ の利用（3時間）※本時はその第3時

・いろいろな関数（3時間）

・単元のまとめ（2時間）

1　授業のねらい

この授業では，関数 $y = x^2$ のグラフ上で，与えられた傾きになるような2点を探し，その性質について考察します。方眼紙にかいたグラフ上で傾きが1になる2点を探すと，いくつかの格子点の組が見つかります。それらの点の組に共通する性質を調べることで，2点の x 座標の和が1であると予想されます。この予想が，他の点の組についても成り立つかどうかを考えます。次に $y = x^2$ のグラフ

上で傾きが 1 になる 2 点を通る直線 $y = x + b$ の切片 b と放物線上の 2 点の x 座標の関係について考察します。

　放物線上の 2 点を通る直線の傾きや切片と 2 点の座標の関係という関数の性質を調べるために，グラフ上の任意の点の座標を文字を使って表し，数式を使って考察を進めていくといった，課題を解決するために数学的な知識や技能を活用しようとする態度を育てることがこの授業のねらいです。

2　探究課題

　$y = x^2$ のグラフ上の 2 点 P，Q を結ぶ直線の傾きが 1 になるような P，Q の組はいくつもあります。これらの P，Q の組に共通する性質を調べましょう。

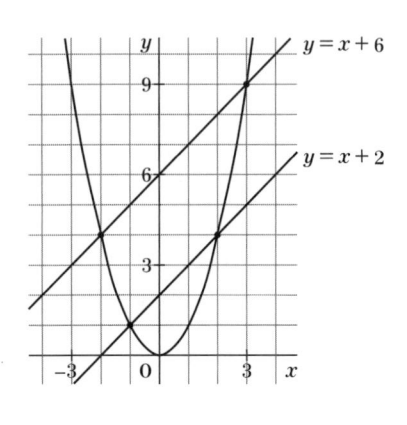

3　授業での「探究」のポイント

(1) 傾きの条件を満たす点の組を見つけて，共通する性質を調べる

　$y = x^2$ のグラフを見ながら，直線で結んだときに傾きが1になるようなグラフ上の2点を探します。いくつかの格子点の組を見つけたら，それらを表にまとめ整理します。そして，予想される性質について数式を利用して考察を進めます。これらの活動は，数学の学習内容を活用し，課題を解決しようとする態度を養うことにつながります。

(2) グラフ上の点の組とその2点を通る直線の切片との関係について発展的に考察する

　$y = x^2$ のグラフ上で傾きが1になる2点を通る直線の切片は，2点の x 座標の積の -1 倍になります。具体的な数値で点の座標を扱う場合は切片も計算しやすいのですが，2点の座標を文字式で扱う場合は直線の切片を求める計算も複雑になります。この性質を導いた後で，グラフ上で傾きが2になる2点を通る直線の切片を調べると，これも2点の x 座標の積の -1 倍になることがわかります。

　このような活動を通して，傾きが1や2以外の場合についてさらに調べるなど，生徒は課題を発展的に考察していくことができます。

4 教材と授業準備

$y = x^2$ のグラフ上の 2 点 P(p, p^2), Q(q, q^2) を通る直線の傾きは $\dfrac{p^2 - q^2}{p - q} = p + q$ となり，2 点の x 座標の和で表されます（図 1）。したがって，グラフ上の 2 点を通る直線の傾きが 1 になるのは $p + q = 1$ のときであり，このときの 2 点を通る直線の式は，点 P を通ることを考えれば $y = x + p^2 - p$ となります。この直線の切片 $p^2 - p$ は $p(p - 1)$ と変形され，$q = 1 - p$ であることから，$-pq$ すなわち 2 点の x 座標の積の -1 倍となります。

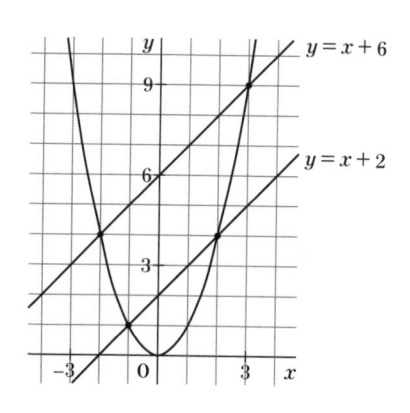

図1　傾きが1のグラフ上の2点

　この性質を用いると，「グラフ上の 2 点を通る直線の傾きも切片も 1 であるような 2 点 P，Q」…①についても調べることができます。傾きが 1 なので $q = 1 - p$ であり，

切片が1なので$-pq=1$となるp, qを求めればよいことになります。グラフをかいた方眼紙からでは正確な値は読み取れませんが，この性質を使えば$p^2-p=1$を導くことができるので，$p=\dfrac{1\pm\sqrt{5}}{2}$と求められます。

　さらに，グラフ上の2点を通る傾きが2である直線は，点$P(p, p^2)$を通ることを考えれば，$y=2x+p^2-2p$となります。この直線の切片p^2-2pは$p(p-2)$と変形されて，傾きが2なので，$p+q=2$であることから，$q=2-p$と言え，この切片も$-pq$すなわち2点のx座標の積の-1倍になることが言えます。一般に，$y=x^2$のグラフ上の2点を通る直線の切片は，直線の傾きに関係なく2点のx座標の積の-1倍になります。さらに，$y=ax^2$のグラフ上の2点を通る直線の切片は2点のx座標の積の$-a$倍になることが言えます。

　また，この性質を発展的に扱うと，放物線と直線が接する場合についての考察が可能です。傾きを固定したままグラフ上の2点を近づけていくと，2点を通る直線が接線に近づいていく様子を観察することができます。最終的に2点が重なる場合を考えれば，与えられた傾きをもつ放物線の接線になることが直観的に理解できると思います。ただし，1点で接しているかどうかを詳しく調べるには，直線と放物線の方程式から導かれる2次方程式が重解をもつことで確認するので，接線を取り上げるとしても題材の発展的な見方の紹介程度でよいでしょう。

5　授業展開

(1) 傾きが1になる放物線上の2点がもつ性質を調べる

　最初に $y = x^2$ のグラフをかいた方眼紙を配付し，グラフ上の2点を通る直線の傾きが1になるような2点を探します。さらに，それらの点の組に共通する性質を調べます。

T　傾きが1になるようなグラフ上の2点は見つかりましたか？

S 1　（2，4）と（−1，1）がそうです。

S 2　（−2，4）と（3，9）もそうです。

T　他にも点の組はありそうですね。それらを表にまとめてみましょう。

表1　傾きが1になるような放物線上の2点P，Qの座標

x	0	1
y	0	1

x	−1	2
y	1	4

x	−2	3
y	4	9

x	−3	4
y	9	16

S 3　x 座標の差が 1，3，5，7，……とだんだん大きくなっています。

S 4　y 座標の差も 1，3，5，7，……とだんだん大きくなっています。

T　変化の様子としてはそのような見方もできますが，それぞれの点の組に共通する性質はありませんか？

S5　x 座標の和は，どの組も 1 です。

T　おもしろい性質に気がつきましたね。ところで，この性質は座標が整数の点以外でも成り立ちますか？

　点の x 座標が整数以外のものもありますが，具体的な数値でいくら調べてもこの性質が一般に成り立つことを示すものではないことを確認します。

(2) 直線の傾きと 2 点 P，Q の座標の関係を考察する

　点 P と Q の x 座標を文字で表して，気づいた性質が成り立つかどうかを調べます。

T　x 座標が整数以外の点でも先ほど見つけた性質が成り立つことを調べるには，どのような方法がありますか？

S1　文字式を展開して花壇の面積を表したみたいに，文字を使ったらいいんじゃないのかなぁ。

T　とてもいい意見がでましたね。では，点 P と点 Q の x 座標をそれぞれ p，q として考えてみましょう。直線 PQ の傾きはどのような式で表されますか？

S2　p から q まで変化するとして，x 座標の増加量は，$q - p$ だね。

S3　y 座標の増加量は $q^2 - p^2$ だから，2 点の傾きは，

$$\frac{q^2 - p^2}{q - p} = \frac{(q - p)(q + p)}{q - p} = q + p \text{ です。}$$

T　条件では，2点を結ぶ直線の傾きは1でしたね。
S4　だから $p + q = 1$ になるんだ。

　ここで傾きが1になるグラフ上の2点の x 座標の和は1であることをまとめます。

(3) 直線の切片と2点P，Qの座標の関係を考察する
　続いて，2点P，Qを通る直線の切片とP，Qの座標との関係について考察していきます。

T　今度は2点を通る直線の切片について考えてみましょう。傾きが1になるグラフ上の2点を通る直線の切片について共通する性質はありませんか？
S1　さっきの表に切片もつけ足してみたよ。

表2　傾きが1になるような2点を通る直線の切片

x	0	1	切片
y	0	1	0

x	-1	2	切片
y	1	4	2

x	-2	3	切片
y	4	9	6

x	-3	4	切片
y	9	16	12

S2　切片って x 座標の積をプラスにしたものじゃない？
T　いいところに気がつきました。でも，2点の x 座標が $\frac{1}{4}$ と $\frac{3}{4}$ のときならどうですか？
S3　傾き1で点 $\left(\frac{1}{4}, \frac{1}{16}\right)$ を通るんだから，直線の式は $y = x - \frac{3}{16}$ だね。

S 4 　2点の x 座標は $\frac{1}{4}$ と $\frac{3}{4}$ だから，積は $\frac{3}{16}$ だよ。

S 5 　切片は $-\frac{3}{16}$ だから，2点の x 座標の積をプラスにしたというより，正負を逆にしたというのが正しいんじゃないかな。

T 　　正負を逆にするには，どんな計算をすればよいですか？

S 6 　 -1 をかければよいと思います。

　上記のやり取りから，切片は $-pq$ になるという予想を立てます。そして文字 p，q を使ってその予想が成り立つかどうかを調べます。

S 7 　傾きは1なんだから，点 $(p，p^2)$ を通る直線の式は $y = x + p^2 - p$ になるよ。

S 8 　切片は $p^2 - p$ か。$-pq$ ではないね。

T 　　 p と q はどのような関係が成り立っていましたか？

S 9 　 $p + q = 1$ でした。$q = 1 - p$ とも言えます。

S10 　だったら $-pq$ は $-p(1-p) = p^2 - p$ になるよ！

　これらの議論から2点を通る直線の切片は $-pq$ であることを確認します。さらに，傾きが2になるグラフ上の2点を結ぶ直線の切片はどうなるかを問い，発展的に考察を進めていきます。このように，条件を変えることで新しい課題を設定し，それに取り組んでいく態度を養います。

6 評価について

(1) $y = x^2$ のグラフ上の2点を通る直線の傾きや切片と2点の x 座標の関係を考察することができる（知識・技能）

　探究的な学びにおいては，自分なりの予想をもったうえで考察を進める活動が重要です。特に予想を立てるときは，調べた内容を表やグラフにまとめてわかりやすく示すことで，気づきを得やすくすることができます。また，変数の差に注目して変化の割合を考えたように，座標の和や積にも注目するなど，普段の授業で学んだことを活用する力を評価します。

(2) 条件を変えるなどして新しい課題を設定し，進んでその課題の解決に取り組もうとしている（主体的に学習に取り組む態度）

　この授業では，$y = x^2$ のグラフ上の2点で傾きを固定して課題を設定しましたが，この課題は傾きや関数の式など変更できる要素がいろいろあります。そこで，自分で条件を変更して新しい課題を見いだし，考察するように促し，その内容を確認することで，生徒の主体的に学習に取り組む態度を評価することができます。

（富永和宏）

3年／円

条件を満たす点を集めたら，
どんな図形になるか考えてみよう

0　単元の指導計画（全15時間）

- ・円周角と中心角（4時間）
- ・等しい弧と円周角（2時間）
- ・円周角の定理の逆（2時間）
- ・円周角の定理と図形の証明（4時間）
  ※本時はその第4時
- ・円周角と円の接線（1時間）
- ・単元のまとめ（2時間）

1　授業のねらい

　この授業では，コンピュータを利用して図形を動かす活動を通して，特定の条件を備えた点の集合がえがく図形について考えます。生徒は，実験や観察を通して課題に対する予想をもち，それが正しいことを数学を用いて証明します。そして，解決の過程や結果を振り返る中で，新たな気づきや問いを引き出しながらさらに考察を深めます。また，問題文の条件の一部を変更して考察することで，新たな図

形的性質を発見しようとしたり，既習の考え方を利用して
その性質が成り立つことを説明したりします。生徒たちが
発見した性質のいくつかを授業で取り上げ，クラス全体で
考察してみるのもよいでしょう。

2　探究課題

　円周上に3点A，B，Cをとって△ABCをつくり，
∠Aの二等分線と頂点Bにおける外角の二等分線と
の交点をPとします。

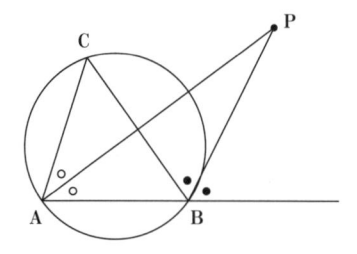

　頂点Cが円周上を動くとき，点Pがえがく図形は
何でしょうか。

3　授業での「探究」のポイント

(1) コンピュータを利用して具体的に調べ，予想する

　この授業では，課題として設定された図形をコンピュー

タを利用して自分でつくることから始めます。そして，三角形の頂点 C を円周上で動かしたときに，内角と外角の二等分線の交点 P がえがく図形について考察します。生徒は，自分の実験結果だけでなく，自分と周囲の生徒の画面を見比べながら，そこに成り立つ図形的な性質を予想します。そして，その予想が正しいことを示すために，円周角の定理などの図形に関する既習の知識を用いて証明することを試みます。

(2) 自らの学習過程を振り返り，発展させる

証明を終えた段階で，問題解決の過程を振り返り，思考の広がりや深まりを感じさせる場面を設定します。

最初に，点 C の位置を辺 AB の上側ではなく下側にとった例を取り上げ，その場合の点 P の軌跡について考えてみます。すると，上側の場合とは違った図形が出てくるものの，考察を進める中で，この状況も同じ考え方で解決できることに生徒は気づきます。

次に，元の問題の条件を変更することによって，結果がどのように変化するのかをパソコンの画面上で観察します。そして，その理由を先ほどの教室での議論を参考にして考察し，証明することを試みます。この学習場面は，主体的に対象に働きかけることを通して新たな課題を発見したり，物事を多様な視点から見つめたりすることで，生徒が様々な知識や考え方を関連づけながら発展的・統合的に考察を進めることを意図して設定しています。

4 教材と授業準備

　この探究課題は，三角形の「傍心」と呼ばれる点を題材として用いています。

　一般に，△ABC において，∠A の二等分線と，頂点 B，C における外角の二等分線は 1 点 P で交わり，この点が傍心と呼ばれます。また，傍心は 1 つの三角形に 3 つ存在します。

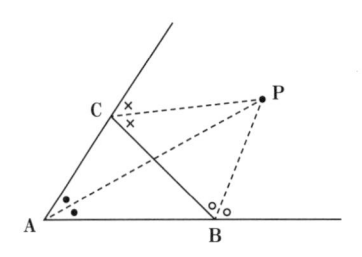

図 1　角の二等分線と三角形の傍心

　これら 3 本の直線が 1 点で交わることは，直角三角形の合同や角の二等分線上の点が満たす性質を利用して説明されます。ただし，この探究課題では，1 つの内角と 1 つの外角の二等分線の交点として得られる点について考察するので，さらにもう 1 つの外角の二等分線に注目する必要はありません。

　授業では，「三角形の内角と外角の関係」「円周角の定理」「円周角の定理の逆」などに関する学習内容を用いて考察を行います。

また，この題材は，設定されている条件の一部を変化させることで，様々な興味深い結果が得られます。例えば，Aと辺BCの中点を結んだ線分と，Bと辺ACの中点を結んだ線分との交点をPとすると，Cを動かした場合のこの点Pの軌跡は，また別の円になります（この点Pは，三角形の「重心」と呼ばれる点です）。さらに，三角形の「内心」や「垂心」についても，同じ設定の下で軌跡を考えると円（またはその一部）が得られます。

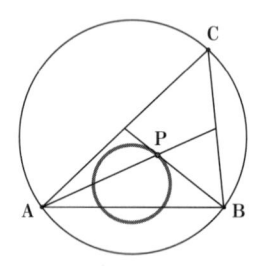

図2　三角形の重心の軌跡

　授業では，生徒が各自のパソコンで図形アプリケーション GeoGebra[1] を利用して必要な図形を作成し，それをいろいろ動かして試行錯誤を行いながら考察を進めます。

5　授業展開

(1) 解決すべき問題を見いだし，答えを予想する

　GeoGebra を利用して，円とそれに内接する三角形を作図します。そして，角の二等分線の機能を用いて交点P

を決定します（GeoGebra では，内角と外角の二等分線が同時に表示されますが，「オブジェクトの表示」を非表示設定にして，必要なものだけが現れるようにします）。

T	点 C を円の上で動かしてみましょう。そのとき，点 P はどのような動きをしていますか？
S 1	直線的ではない，曲がったような動きをしています。
T	それでは，「残像」の機能で点 P の動いた跡を見えるようにしましょう。
S 2	円の一部になっているような気もします。
S 3	でも，途中で途切れてしまっているね。
T	「円の一部ではないか」という予想が多いようですが，その予想は正しいのでしょうか？

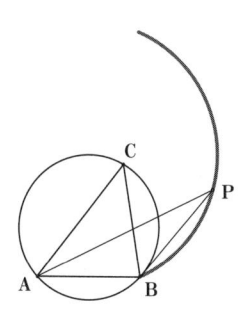

図3　点 P の軌跡

(2) 生徒の試行錯誤の中から証明の鍵を抽出する

　少しの間，個人で考える時間をとると，生徒は様々な試行錯誤を始めます。A，B の位置を変えても同じように円の一部らしき図形が現れるのかを確認してみたり，途切れた部分を頭の中で延長してみて円であることの確信を強めたりする生徒もいます。その中で，∠APB の大きさに注目する生徒が出てきます。その場面を取り上げて，クラス

全体で証明の方向性を共有します（GeoGebra には角の大きさを表示させる機能もあるので，それを利用して全体で確認してみてもよいでしょう）。

　グループでアイデアを共有しますが，最初はなかなかうまく説明できません。しかし，この単元で学習した「円周角の定理」や「円周角の定理の逆」が関係していることに，多くの生徒が気づき始めます。

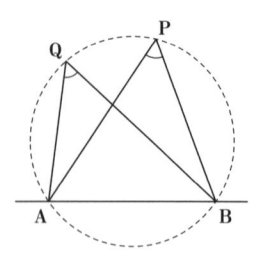

図４　円周角の定理の逆

T　　∠ APB の大きさがいつも同じだったら，なぜ円をえがくと言えるのでしょうか。そもそも，∠ APB の大きさは本当にいつも同じなのでしょうか。

S１　コンピュータを使って角の大きさを調べてみると，∠ APB の大きさはいつも○○°になっているね。

S２　でも，本当に角の大きさは等しいの？　本当だとしたら，なぜそんなことが起こるんだろう？

(3) 数学を用いて予想を証明し課題を解決する

　前回までに学習した「円周角の定理の逆」について振り返り，「∠ APB が常に一定であれば，連続的に動いていく P がすべて，A と B を通るある１つの円周上に位置すると言える」ことを確認してから，証明に移ります。

T　点 C を動かしていくのですが，そのときに「変化するもの」と「変化しないもの」は何でしょうか。

S1　A，B は動きません。C は動くけれど，∠ACB は円周角の定理から常に一定です。

S2　∠APB も変化しないんじゃない？

S3　でも，それはまだわからないし，変化しないことをこれから示す必要があるよ。

ここからは個人の活動時間を確保し，∠CAP $= a$，∠CBP $= b$，∠C $= x$（一定）として，三角形の内角と外角の関係などの知識を利用しながら，最終的に∠APB $= \frac{x}{2}$ であることを導きます。

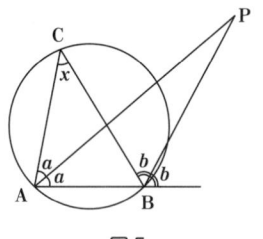

図5

そして，x が一定であることから∠APB も一定であり，「円周角の定理の逆」から点 P がいつも，ある 1 つの円周上にあることを結論づけます。

(4) 解決過程や結果を振り返り，新たな課題を発見する

予想が正しいことを証明するという課題を解決した段階で，その解決に用いた考え方や手法，ものの見方などを改めて振り返ります。証明された定理の数学的な美しさに関しても，ぜひともクラス全体でその価値を共有したいものです。この場面を確保することによって，生徒の中に新たな気づきや疑問が生じることが期待されます。

①円が途切れてしまっている位置

　コンピュータのえがいた図形を見ると，円が途中で途切れています。CがAやBなどの特別な位置にある場合などに注目することで，Bから引き上げた垂線の位置で円が途切れていることがわかります（図3）。

②直線 AB の下側にできる図形

　C を弦 AB の下側にまで動かした場合に，別の円を見いだす生徒がいます。明らかに上側の円とは異なる円で，生徒にとって新たな発見です。このとき，新たな問題をまったくの別のものとして捉えるのではなく

　　・先ほどの議論で用いた考え方が使えないか

　　・この上下の２つの円には関連性はないのか

など，これまでの学習との関わりを意識しながら考察することを促します。

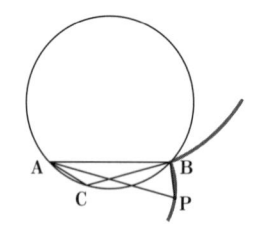

図6　弦 AB の下側に C をとった場合

③条件の変更による新たな性質の発見

　この問題は，条件を変更することによっていろいろな結果を得ることができます。そこで，生徒に問題文の条件の

一部を自分で変えて，その結果を考察するように促します。コンピュータを利用することで試行錯誤が容易になり，クラスの中には，元の問題の角の二等分線の部分を「両方とも」内角の二等分線にしたり，角の二等分線のかわりに垂線を引いたりする生徒もでてきます。この活動に関しては，授業での時間確保が難しければレポートの形で取り組ませ，自己評価とともに提出させることも考えられます（以下の生徒の作品例は，いずれも A，B の 2 点を定円上に固定し，C をその円周上で動かした場合の点 P の軌跡です）。

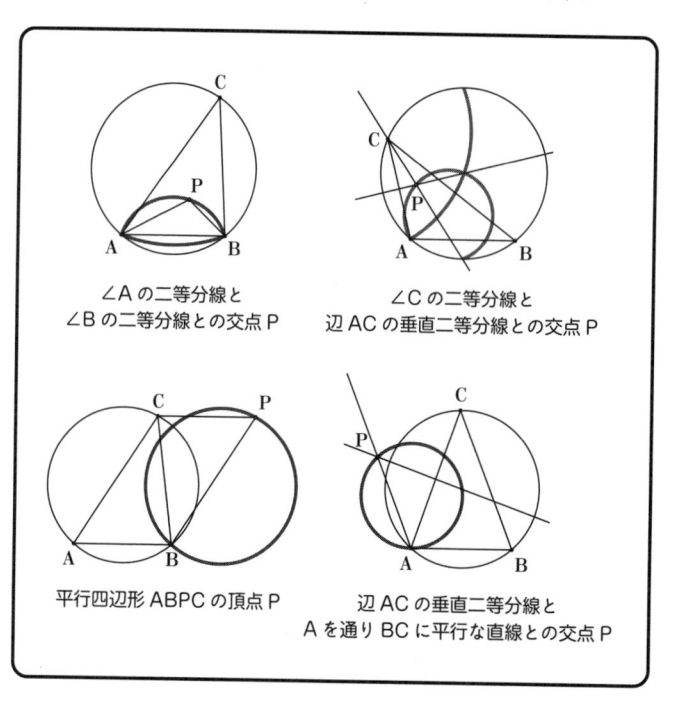

∠A の二等分線と
∠B の二等分線との交点 P

∠C の二等分線と
辺 AC の垂直二等分線との交点 P

平行四辺形 ABPC の頂点 P

辺 AC の垂直二等分線と
A を通り BC に平行な直線との交点 P

図7　生徒の作品の例

①〜③のような考察を大切にすることを通して，数学的な定理が「与えられたもの」ではなく，自分たちで発見したものである点を強調し，物事を発展的に考えたり，統合的に捉えたりしながら粘り強く考察することの価値を共有します。また，数学的に第３学年の範疇を越える知識を必要とするような図形が出てきたとしても

　　・対称性の有無

　　・なめらかにつながっていない部分の考察

など，元の問題における議論を参考にしながら積極的に分析を進めることを促します。

　このように，この授業を通して新たにわかった事柄や，疑問として生じた点を個人で整理させ，連続的な学びにつなげる機会を設定しておきます。

6　評価について

(1) 知識を関連づけながら論理的に説明することができる 　　（知識・技能）

　自らの主張を論理的に説明する際に，これまでの学習内容を適切に関連づけて考察できているかという点は，重要な評価の観点となります。授業内での観察による評価と，事後の自己評価もうまく組み合わせながら，議論の論理性だけでなく，

　　・知識の関連性への気づき

　　・論理性に関して不十分な点があったことへの気づき

なども含め，プラスの視点で評価することを心がけます。

(2) 自らの課題を見いだそうとしている
（主体的に学習に取り組む態度）

目の前で様々に変化する図形に対して，積極的にアプローチすることで生徒が自分なりの予想をもち，そこから解決すべき課題を見いだそうとしている姿勢を積極的に評価します。目にした現象に対して

・共通している性質を見いだそうとする
・予想と見通しをもって考察しようとする

だけでなく，授業でまとめられた結果を基にして，

・条件を変えると結果がどう変化するのかを考える
・新たな課題と元の問題との関連性を捉える

など，問題を発展させたり，考え方を統合して捉えたりする姿勢なども，ワークシートやレポートへの取り組みから評価することができます。

自らの学習活動を適切な視点で振り返り，周囲の意見にも耳を傾けながら，主体的・自律的に思考を深めていくことができるような態度への変容に向けて，生徒の小さな変化を積極的に評価することが大切です。

（井上芳文）

使用アプリケーション
[1]「GeoGebra」（https://www.geogebra.org）

用意するべきおつりの枚数を
シミュレーションしてみよう

0　単元の指導計画（全10時間）

・全数調査と標本調査（1時間）

・標本による推定（2時間）

・標本調査の利用（2時間）

・乱数を使った無作為抽出（1時間）

・乱数の利用（2時間）※本時はその第2時

・単元のまとめ（2時間）

1　授業のねらい

　この授業では，乱数を利用して，同窓会の受付でおつりをどれだけ用意すればよいかシミュレーションします。あらかじめ支払いのパターンとその確率を決め，乱数の等確率性と無規則性を利用して，会費の支払いで使用される紙幣と必要なおつりをシミュレーションして，実験的に必要なおつりの枚数について考察します。

2 探究課題

A さんは友人と一緒に「二十歳の同窓会」を企画することになりました。同窓会の参加人数は40人です。同窓会の参加費は2500円にしたいと考えています。参加費が2500円なので，2500円ちょうど持ってくる人，千円札3枚で3000円を出す人，5千円札を出す人を想定しておつりを準備することにします。

A さんは，おつりの500円硬貨と千円札をそれぞれ20枚ずつ用意しました。この枚数でおつりは足りるでしょうか。

3 授業での「探究」のポイント

(1) 支払いのパターンの割合を設定して実験する

今回の題材では，それぞれの支払いのパターンが起こる割合を決め，乱数を用いてその確率を設定することによってシミュレーションを行います。例えば，千円札2枚と500円硬貨1枚でちょうど2500円もってくる確率を0.4，千円札3枚をもってくる確率を0.3，5千円札をもってくる確率を0.3とします。このとき，乱数さいを2個用いて00から99までの整数を無作為抽出し，次ページの表1のようにそれぞれの支払いパターンに整数を割り当てることで，

シミュレーションを行うことができます。

表1 支払いのパターンと確率

支払いのパターン	確率	整数の範囲
千円札2枚と500円硬貨1枚	0.4	00～39
千円札3枚	0.3	40～69
5千円札1枚	0.3	70～99

　また，割り当てられる整数の範囲を変えれば，支払いパターンの確率を変更してシミュレーションを行うことができます。このようにして，より現実の状況を反映させる形に設定を変更しながら実験を行うことも可能です。

(2) シミュレーションの結果を現実場面に照らし合わせる

　今回のシミュレーションでは，会費として支払われるお金と，受付でのお金の出入りの推移を見ることができます。実験の結果をまとめた表には，500円硬貨と千円札の増減や受付に残っている枚数の状況が正の数と負の数を用いて示されています（次ページ表2）。例えば，増減の欄での「－2」の表示は，受付で「一度に千円札が2枚減る」状況を表しています。また，残っている千円札の枚数が0に近づくことは，「お釣りの千円札が足りなくなるかもしれない」という場面に対応します。このように，課題の解決に向けて，数値やその変化の様子を現実の場面に対応づけて考察することになります。

4 教材と授業準備

　乱数さいを2個振ることで整数が得られ，その整数がどの範囲にあるかによって支払いのパターンが決まります。それを以下のような表にして，500円硬貨と千円札の増減と残っている枚数を記録していきます。例えば，表1の確率の設定の場合，500円硬貨と千円札の残っている枚数の推移は次の表2のようになります。

表2　シミュレーションの記録表

	増減		残っている枚数	
整数	500円硬貨	千円札	500円硬貨	千円札
41	−1	3	19	23
74	−1	−2	18	21
38	1	2	19	23
66	−1	3	18	26
…	…	…	…	…

　シミュレーションではなく，順番を考えずに割合だけで考えると，500円硬貨は，40人のうち0.4の割合で+1枚となり，0.6の割合で−1枚になるので，

　　$1 \times 40 \times 0.4 + (-1) \times 40 \times 0.6 = -8$

となり，全体として8枚減ると考えられます。千円札の場合も同じように考えて，

　　$2 \times 40 \times 0.4 + 3 \times 40 \times 0.3 + (-2) \times 40 \times 0.3 = 44$

となり，全体として44枚増えると考えられます。しかし，実際にシミュレーションを行ってみると，おつりの500円硬貨はまったく必要ないこともあれば，残り5枚にまで減ってしまうこともあります。また，5千円札での支払いが続いて，千円札が次々と減っていくこともあります。シミュレーションの結果をまとめた表から，支払いパターンの頻度や順序に注目したり，おつりに必要な枚数の範囲について考察したりします。

5　授業展開

(1) お金の出入りについてシミュレーションを行う

　このシミュレーションでは乱数さいを2個振って出た値を基に500円硬貨，千円札の増減と残っている枚数を記録していきます。

S1　それぞれの確率をどう決めようか？

S2　千円札3枚を持ってくる人が多いと思うな。

S1　それじゃ，ちょうど2500円持ってくる人を0.3，3000円持ってくる人を0.5，5千円札を持ってくる人を0.2にしようか。

S2　そうすると，整数の範囲はこの表のようになるね。

支払いのパターン	確率	整数の範囲
千円札2枚と500円硬貨1枚	0.3	00〜29
千円札3枚	0.5	30〜79
5千円札1枚	0.2	80〜99

　それぞれの支払いパターンの確率を決めて，実際にシミュレーションを行い，その結果を表に記録していきます。

整数	増減		残っている枚数	
	500円硬貨	千円札	500円硬貨	千円札
13	1	2	21	22
55	− 1	3	20	25
…	…	…	…	…
71	− 1	3	10	50
48	− 1	3	9	53

S1　残っている枚数は，500円硬貨が9枚，千円札が53枚になったね。

S2　500円硬貨も千円札も途中でマイナスになることはなかったし，千円札は20枚よりも少なくなることもなかったから，これ以上用意しなくてもよさそうだね。

　このように，増減の様子や残っている枚数をチェックすることで，おつりとして必要な枚数について考察することができます。

(2) 問題設定を変えてシミュレーションする

　持ってくる金額のパターンに1万円札を加えてシミュレーションを行います。1万円札の場合，7500円のおつりが必要ですが，5千円札があれば優先して使い，なければ千円札だけでおつりを出すことにします。

T　　1万円札を持ってくる人もいるとして，シミュレーションを考えてみましょう。

S1　前の課題でのシミュレーションでは，5千円札を出す人の確率が小さいと千円札のおつりがあまり出ない傾向があったので，5千円札，1万円札の確率を少し大きくしてシミュレーションしてみよう。

S2　全部の支払いパターンが同じ確率で起こると仮定して，この表のように設定するのはどうかな？

支払いのパターン	確率	整数の範囲
千円札2枚と500円硬貨1枚	0.25	00〜24
千円札3枚	0.25	25〜49
5千円札1枚	0.25	50〜74
1万円札1枚	0.25	75〜99

　最初の場合と同様の手順でシミュレーションを行います。今度は，記録表に5千円札の欄を加えて500円硬貨と千円札をそれぞれ20枚，五千円札を10枚用意している設定で実験を行います。

整数	増減			残っている枚数		
	500円硬貨	千円札	5千円札	500円硬貨	千円札	5千円札
94	－1	－2	－1	19	18	9
27	－1	3	0	18	21	9
7	1	2	0	19	23	9
54	－1	－2	1	18	21	10
36	－1	3	0	17	24	10
56	－1	－2	1	16	22	11
…	…	…	…	…	…	…
48	－1	3	0	1	15	8
63	－1	－2	1	0	13	9
61	－1	－2	1	－1	11	10
…	…	…	…	…	…	…
79	－1	－2	－1	－5	10	11
91	－1	－2	－1	－6	8	10
10	1	2	0	－5	10	10

S1　500円硬貨の残っている枚数が0や－1になるというのはどういうことかな。

S2　おつりに使える500円硬貨がなくなって，さらに続けておつりに500円が必要になったということだね。

S3　こういうことが起こらないように，おつりに必要な枚数を考えておく必要があるね。

S2　500円硬貨の残っている枚数が「－6」とあるので，

この実験から考えると，少なくともあと10枚ぐらいは多くおつりを準備しなくてはいけないね。

T　必要なおつりの枚数は，それぞれの確率とどのように関係しているでしょうか？

S1　5千円札が10枚からほとんど変わらなかったのは，5千円札と1万円札の確率が同じだからなのかな。

S2　これは全部の支払いパターンが同じ確率で起こるという仮定で行ったけど，おそらく5千円札や1万円札で支払う人はそんなに多くないと思うから，今度はそれぞれの支払いパターンの確率を小さくしてシミュレーションしてみよう。

5千円札が10枚からほとんど変わらないのは，5千円札と1万円札の確率が同じだから…？

　このように，表の数値の推移を観察し，それに対応する現実の場面を具体的に考えてみます。そして，確率の設定の方法を工夫することによって，実際の状況により近い形のシミュレーションにしていくことも可能となります。

最後に，乱数を用いて確率を設定することで，模擬的に現実場面を再現するような実験が可能となったことを確認し，数学の考え方の有用性についてまとめて授業を終えます。

6　評価について

(1) 乱数を用いて確率を設定することができる
　（知識・理解）

　シミュレーションを行うにあたって，支払いパターンの起こりやすさを決める必要があります。そのときに，乱数さいで得られる整数の範囲を適切に決めることで，その確率が正しく設定されているかを評価します。

(2) シミュレーションの結果と現実場面の状況を結びつけて考えることができる（思考・判断・表現）

　シミュレーションの結果明らかになったことを，現実場面の状況と結びつけて考えます。そのときに，得られた結果を次回のシミュレーションの設定にどのように生かしているか，また，その設定が現実場面の状況を適切に反映しているかを評価します。

（喜田英昭）

【執筆者一覧】

砂原　　徹（広島大学附属中学校・高等学校）

井上　芳文（広島大学附属中学校・高等学校）

富永　和宏（広島大学附属中学校・高等学校）

喜田　英昭（広島大学附属中学校・高等学校）

森脇　政泰（広島大学附属中学校・高等学校）

【編著者紹介】

砂原　徹（すなはら　とおる）

広島大学附属中学校・高等学校教諭。
前広島大学附属高等学校副校長。
著書に、『中学校新学習指導要領の展開』（明治図書，共著），『教師教育講座第14巻中等数学教育』（協同出版，共著），『高等学校数学科の新教材＆授業プラン』（明治図書，共著）他。

井上　芳文（いのうえ　よしふみ）

広島大学附属中学校・高等学校教諭。
著書に、『教師教育講座第14巻中等数学教育』（協同出版，共著），『高等学校数学科の新教材＆授業プラン』（明治図書，共著）他。

富永　和宏（とみなが　かずひろ）

広島大学附属中学校・高等学校教諭。
著書に、『教師教育講座第14巻中等数学教育』（協同出版，共著），『高等学校数学科の新教材＆授業プラン』（明治図書，共著）他。

予想や見通しから始まる
中学校数学の探究的な学び

2024年9月初版第1刷刊　©編著者　砂　原　　　徹
発行者　藤　原　光　政
発行所　明治図書出版株式会社
http://www.meijitosho.co.jp
（企画）矢口郁雄（校正）大内奈々子・安藤龍郎
〒114-0023　東京都北区滝野川7-46-1
振替00160-5-151318　電話03(5907)6701
ご注文窓口　電話03(5907)6668

＊検印省略　　　　組版所　藤　原　印　刷　株　式　会　社

本書の無断コピーは、著作権・出版権にふれます。ご注意ください。

Printed in Japan　　　ISBN978-4-18-374925-3
もれなくクーポンがもらえる！読者アンケートはこちらから

授業がガラッと変わるほど、問いや支援、価値づけの語彙が豊かに！

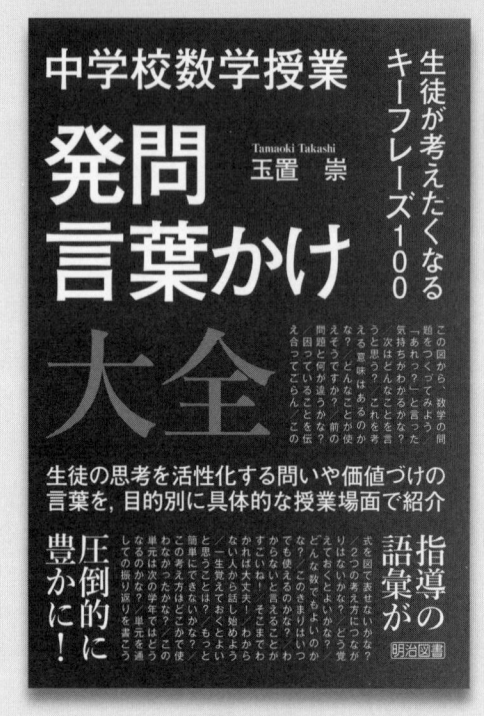

中学校数学授業

発問 言葉かけ 大全

Tamaoki Takashi
玉置 崇

生徒が考えたくなるキーフレーズ100

生徒の思考を活性化する問いや価値づけの言葉を，目的別に具体的な授業場面で紹介

指導の語彙が

圧倒的に豊かに！

玉置 崇【著】

数学授業で役立つ発問や言葉かけを目的別に 100 個収録。「次はどんなことを言うと思う？」（問題把握）、「どこに動かしても言えるかな？」（条件変え）、「これですべてかな？」（きまり）、「表情発言でも大丈夫！」（全員参加）等々、超実践的なフレーズ集です。

224 ページ／四六判／定価 2,376円（10%税込）／図書番号：2535